Smaki Hiszpanii
Kulinarna Oda Słonecznej Pasji

Javier Rodríguez

TREŚĆ

EWA ZIEMNIAKI 25
    SKŁADNIKI 25
    PRZETWARZANIE 25
    kłamstwa 26

PROFESJONALNA KACZKA 27
    SKŁADNIKI 27
    PRZETWARZANIE 27
    kłamstwa 28

CAVILLE BISQUE 29
    SKŁADNIKI 29
    PRZETWARZANIE 29
    kłamstwa 30

KLEJE DO CIĘCIA WARZYW 31
    SKŁADNIKI 31
    PRZETWARZANIE 31
    kłamstwa 32

LICENCJA DOMOWA 33
    SKŁADNIKI 33
    PRZETWARZANIE 33
    kłamstwa 33

CIASTO Z DYNI I ŁOSOSA 34
    SKŁADNIKI 34

PRZETWARZANIE 34

kłamstwa 35

KARMACZ Z GRZYBAMI I PARMEZANEM 36

SKŁADNIKI 36

PRZETWARZANIE 36

kłamstwa 37

Marynowany bakłażan 38

SKŁADNIKI 38

PRZETWARZANIE 38

kłamstwa 38

SMAŻONA FEBICULA Z JÓNEM SERRANO 39

SKŁADNIKI 39

PRZETWARZANIE 39

kłamstwa 39

ZŁAM SIĘ 40

SKŁADNIKI 40

PRZETWARZANIE 40

kłamstwa 40

ZAPIEKANKA BROKUŁOWA Z SUSCE I AURORĄ 41

SKŁADNIKI 41

PRZETWARZANIE 41

kłamstwa 41

BOGOGÁN Z KRABEM I GODAKI NA ZIELONYM BŁONIE 42

SKŁADNIKI 42

PRZETWARZANIE 42

kłamstwa 43

KARMELIZOWANA CEBULA 44
    SKŁADNIKI 44
    PRZETWARZANIE 44
    kłamstwa 44

GRZYBY NADZIEWANE KURCZAKIEM SERRANO I PESTO 45
    SKŁADNIKI 45
    PRZETWARZANIE 45
    kłamstwa 45

CAULIRO Z AJOARRIERO 46
    SKŁADNIKI 46
    PRZETWARZANIE 46
    kłamstwa 46

PODWÓJNIE INNE 47
    SKŁADNIKI 47
    PRZETWARZANIE 47
    kłamstwa 47

MASZ TO 48
    SKŁADNIKI 48
    PRZETWARZANIE 48
    kłamstwa 48

Z WĘDZONYM ŁOSOSIEM I KOZĄ 49
    SKŁADNIKI 49
    PRZETWARZANIE 49
    kłamstwa 49

LOMBARDÓW SEGOWIŃSKICH 50
    SKŁADNIKI 50

PRZETWARZANIE 50

kłamstwa 50

SAŁATKA Z PALONEJ PAPRYKI 52

SKŁADNIKI 52

PRZETWARZANIE 52

kłamstwa 53

FRANCUSKIE KOZY 54

SKŁADNIKI 54

PRZETWARZANIE 54

kłamstwa 54

SZPINAK 55

SKŁADNIKI 55

PRZETWARZANIE 55

kłamstwa 56

NAPOJE Z BIAŁYM BUTIFE 57

SKŁADNIKI 57

PRZETWARZANIE 57

kłamstwa 57

ZIELONA STRONA Z BEKONEM 58

SKŁADNIKI 58

PRZETWARZANIE 59

kłamstwa 59

gulasz jagnięcy 60

SKŁADNIKI 60

PRZETWARZANIE 60

kłamstwa 61

SŁODKI AUGBLANTE Z kozim serem, miodem i curry 62
    SKŁADNIKI 62
    PRZETWARZANIE 62
    kłamstwa 62

CIASTO Z BIAŁYCH SZPARAGÓW I WĘDZONEGO ŁOSOSIA 64
    SKŁADNIKI 64
    PRZETWARZANIE 64
    kłamstwa 64

PIQUILLO WYPEŁNIONE MORCILLĄ Z SOSEM SŁODKIM MUSEM
.... 65
    SKŁADNIKI 65
    PRZETWARZANIE 65
    kłamstwa 65

SZEŚĆ Z SOSEM MIGDAŁOWYM 66
    SKŁADNIKI 66
    PRZETWARZANIE 66
    kłamstwa 67

TŁOK 68
    SKŁADNIKI 68
    PRZETWARZANIE 69
    kłamstwa 69

POsmaruj warzywa octem 70
    SKŁADNIKI 70
    PRZETWARZANIE 70
    kłamstwa 70

KOŚCIÓŁ PRISCHÓW, SZYNKI I KROKÓW 71

SKŁADNIKI 71

PRZETWARZANIE 71

kłamstwa 72

RAJ W PROWENCALI 73

SKŁADNIKI 73

PRZETWARZANIE 73

kłamstwa 73

NADZIEWANA CEBULA 74

SKŁADNIKI 74

PRZETWARZANIE 75

kłamstwa 75

GRZYBY Z KREMEM ORZECHOWYM 76

SKŁADNIKI 76

PRZETWARZANIE 76

kłamstwa 76

CIASTO POMIDOROWO-BAZYLIOWE 77

SKŁADNIKI 77

PRZETWARZANIE 77

kłamstwa 77

KURCZAK KURRI Gulasz ziemniaczany 78

SKŁADNIKI 78

PRZETWARZANIE 78

kłamstwa 79

SŁODKIE JAJKO 80

SKŁADNIKI 80

PRZETWARZANIE 80

kłamstwa	80
ZIEMNIAKI DLA ZNACZENIA	81
SKŁADNIKI	81
PRZETWARZANIE	82
kłamstwa	82
Z JABŁKAMI	83
SKŁADNIKI	83
PRZETWARZANIE	83
kłamstwa	84
ZIEMNIAKI I BIAŁY TALERZ	85
SKŁADNIKI	85
PRZETWARZANIE	85
kłamstwa	86
TORTIÑA CON KOCIDO (stare ubrania)	87
SKŁADNIKI	87
PRZETWARZANIE	87
kłamstwa	87
ZIEMNIAKI Z WĘDZONYM LAKACUE, szynką i DIJZAN	88
SKŁADNIKI	88
PRZETWARZANIE	88
kłamstwa	89
ZIEMNIAKI I SER	89
SKŁADNIKI	89
PRZETWARZANIE	89
kłamstwa	89
DOBRZE ZABEZPIECZONE MIEJSCE	90

SKŁADNIKI 90

PRZETWARZANIE 90

kłamstwa 90

JAJKA FLORENTYŃSKIE 91

SKŁADNIKI 91

PRZETWARZANIE 91

kłamstwa 91

gulasz ziemniaczany z rybą słoneczną i krabem 92

SKŁADNIKI 92

PRZETWARZANIE 92

kłamstwa 93

JAJKO W STYLU FLAMENCO 94

SKŁADNIKI 94

PRZETWARZANIE 94

kłamstwa 94

TORTILLA PASIANSKA 95

SKŁADNIKI 95

PRZETWARZANIE 95

kłamstwa 96

JAJKA SADZONE Z SOSEM, Z MUSZTARDĄ 97

SKŁADNIKI 97

PRZETWARZANIE 97

kłamstwa 97

RYŻ ZIEMNIAKA W MARCU 98

SKŁADNIKI 98

PRZETWARZANIE 98

kłamstwa 99
PURRUSALDA 100
    SKŁADNIKI 100
    PRZETWARZANIE 100
    kłamstwa 101
smażone ziemniaki 102
    SKŁADNIKI 102
    PRZETWARZANIE 102
    kłamstwa 102
Smażone grzyby 103
    SKŁADNIKI 103
    PRZETWARZANIE 103
    kłamstwa 103
JAJKA WIEJSKIE Z SARDELAMI I OLIWKAMI 104
    SKŁADNIKI 104
    PRZETWARZANIE 104
    kłamstwa 105
KREM ZIEMNIAKA Z SZYNKĄ I PARMEZANEM 105
    SKŁADNIKI 105
    PRZETWARZANIE 105
    kłamstwa 106
GOTOWANE JAJKA 106
    SKŁADNIKI 106
    PRZETWARZANIE 106
    kłamstwa 106
POMARSZCZONE ZIEMNIAKI 107

SKŁADNIKI	107
PRZETWARZANIE	107
kłamstwa	107
Jajecznica z grzybami, krabami i dzikim ptactwem	108
SKŁADNIKI	108
PRZETWARZANIE	108
kłamstwa	109
ZIEMNIAKI Z CHORIZO I ZIELONYM PIEPRZEM	110
SKŁADNIKI	110
PRZETWARZANIE	110
kłamstwa	110
STAN ZIEMNIAK	111
SKŁADNIKI	111
PRZETWARZANIE	111
kłamstwa	111
JAJKA SKRADZIONE BRANKOWI	112
SKŁADNIKI	112
PRZETWARZANIE	112
kłamstwa	112
ZIEMNIAKI Z ŻEBERKAMI	114
SKŁADNIKI	114
PRZETWARZANIE	114
kłamstwa	115
PIĘKNE JAJKA	115
SKŁADNIKI	115
PRZETWARZANIE	115

kłamstwa 116

ŚWIEŻE ZIEMNIAKI 117

    SKŁADNIKI 117

    PRZETWARZANIE 117

    kłamstwa 117

ZŁAMANE JAJKO 118

    SKŁADNIKI 118

    PRZETWARZANIE 118

    kłamstwa 118

STYL RIOXANA z ziemniakami 119

    SKŁADNIKI 119

    PRZETWARZANIE 119

    kłamstwa 120

NURKOWANE ZIEMNIAKI 121

    SKŁADNIKI 121

    PRZETWARZANIE 121

    kłamstwa 122

TORTINA KRABOWA Z CZOSNKIEM 123

    SKŁADNIKI 123

    PRZETWARZANIE 123

    kłamstwa 123

ZIEMNIAKI NA PARZE Z IGŁAMI 124

    SKŁADNIKI 124

    PRZETWARZANIE 124

    kłamstwa 124

Tłuczone ziemniaki 125

SKŁADNIKI 125

PRZETWARZANIE 125

kłamstwa 125

TORTILLA ZROB Z MORCILLĄ 126

SKŁADNIKI 126

PRZETWARZANIE 126

kłamstwa 126

Zarumienił się razem z nią 127

SKŁADNIKI 127

PRZETWARZANIE 127

kłamstwa 127

ZIEMNIAKI Z NUSZKALĄ Z NUSZKALĄ 128

SKŁADNIKI 128

PRZETWARZANIE 128

kłamstwa 128

OMELETTA JORZASTA 129

SKŁADNIKI 129

PRZETWARZANIE 129

kłamstwa 129

CZĘŚCIOWE JAJKO 130

SKŁADNIKI 130

PRZETWARZANIE 130

kłamstwa 130

TORITA Z DYNI I POMIDORÓW 131

SKŁADNIKI 131

PRZETWARZANIE 131

kłamstwa 131
AJOARRIERO COD 132
    SKŁADNIKI 132
    PRZETWARZANIE 132
    kłamstwa 132
ARGUMENT Z ARGUMENTEM Z OBJĘTOŚCIĄ 133
    SKŁADNIKI 133
    PRZETWARZANIE 133
    kłamstwa 133
WSZYSTKO W RYBIE PIEPRZOWEJ Z KRABEM 135
    SKŁADNIKI 135
    PRZETWARZANIE 136
    kłamstwa 136
szycie rozdmuchowe 137
    SKŁADNIKI 137
    PRZETWARZANIE 137
    kłamstwa 137
MAŁŻE MORSKIE 138
    SKŁADNIKI 138
    PRZETWARZANIE 138
    kłamstwa 139
WIELKIE LITERY ZE STRZAŁKAMI 140
    SKŁADNIKI 140
    PRZETWARZANIE 140
    kłamstwa 140
FONTANNA PIWA 142

SKŁADNIKI 142

PRZETWARZANIE 142

kłamstwa 142

Maluj na farbie 143

SKŁADNIKI 143

PRZETWARZANIE 143

kłamstwa 143

KOD KLUBU RANERO 145

SKŁADNIKI 145

PRZETWARZANIE 145

kłamstwa 146

DUŻO POMARAŃCZY 147

SKŁADNIKI 147

PRZETWARZANIE 147

kłamstwa 147

CUMUŁA RIOXANA 149

SKŁADNIKI 149

PRZETWARZANIE 149

kłamstwa 150

VOLCO Z SOSEM TRUSKAWKOWYM 151

SKŁADNIKI 151

PRZETWARZANIE 151

kłamstwa 151

PISTRAN MARIÑO 152

SKŁADNIKI 152

PRZETWARZANIE 152

kłamstwa 153
Szycie w stylu BILBAINO 154
    SKŁADNIKI 154
    PRZETWARZANIE 154
    kłamstwa 154
KREWETKI CACACALE 155
    SKŁADNIKI 155
    PRZETWARZANIE 155
    kłamstwa 155
SKRAPLACZ 156
    SKŁADNIKI 156
    PRZETWARZANIE 156
    kłamstwa 156
ZŁOTY DORSZ 158
    SKŁADNIKI 158
    PRZETWARZANIE 158
    kłamstwa 158
RAK BASKERA 159
    SKŁADNIKI 159
    PRZETWARZANIE 159
    kłamstwa 160
W occie 161
    SKŁADNIKI 161
    PRZETWARZANIE 161
    kłamstwa 161
MARKA IGŁY 162

SKŁADNIKI 162

PRZETWARZANIE 162

kłamstwa 162

PROSZEK W ADOBO (BIENMESABE) 163

SKŁADNIKI 163

PRZETWARZANIE 163

kłamstwa 164

AGRULE I TUN ZAMKNIĘTE 165

SKŁADNIKI 165

PRZETWARZANIE 165

kłamstwa 166

krabowa kurtka przeciwdeszczowa 167

SKŁADNIKI 167

PRZETWARZANIE 167

kłamstwa 167

TUŃCZYK Z BAZYLIĄ 168

SKŁADNIKI 168

PRZETWARZANIE 168

kłamstwa 168

SOLE A LA MENIER 169

SKŁADNIKI 169

PRZETWARZANIE 169

kłamstwa 169

BRĄZOWY ŁOSOŚ Z CAVA 170

SKŁADNIKI 170

PRZETWARZANIE 170

kłamstwa 170

STYL HAVABASPIQUILTOS BILBAÍN 171

    SKŁADNIKI 171

    PRZETWARZANIE 171

    kłamstwa 171

MAŁŻE W WINAGRECIE 172

    SKŁADNIKI 172

    PRZETWARZANIE 172

    kłamstwa 172

MARMITAKO 173

    SKŁADNIKI 173

    PRZETWARZANIE 173

    kłamstwa 173

ILOŚCI SOLI MORSKIEJ 175

    SKŁADNIKI 175

    PRZETWARZANIE 175

    kłamstwa 175

HIT PAROWY 176

    SKŁADNIKI 176

    PRZETWARZANIE 176

    kłamstwa 176

HEKE W GALICJI 177

    SKŁADNIKI 177

    PRZETWARZANIE 178

    kłamstwa 178

HACZYK DO KOSZYKÓWKI 179

 SKŁADNIKI 179

 PRZETWARZANIE 179

 kłamstwa 180

NOŻE Z CZOSNKIEM I CYTRYNĄ 181

 SKŁADNIKI 181

 PRZETWARZANIE 181

 kłamstwa 181

ŁATWY PUDDING 182

 SKŁADNIKI 182

 PRZETWARZANIE 182

 kłamstwa 183

RYBA Z MIĘKKIM KREMEM CZOSNKOWYM 184

 SKŁADNIKI 184

 PRZETWARZANIE 184

 kłamstwa 185

CUMBLES W CYDRZE Z KOMPOTEM JABŁKOWYM W MIĘCIE .. 186

 SKŁADNIKI 186

 PRZETWARZANIE 186

 kłamstwa 187

Marynowany łosoś 188

 SKŁADNIKI 188

 PRZETWARZANIE 188

 kłamstwa 188

SER PISTÁN BLUE 189

 SKŁADNIKI 189

 PRZETWARZANIE 189

kłamstwa 189

TUNATAKI NA PARZE W SOJI 191

    SKŁADNIKI 191

    PRZETWARZANIE 191

    kłamstwa 191

CIASTO Z POWROTEM 193

    SKŁADNIKI 193

    PRZETWARZANIE 193

    kłamstwa 194

KAPITALNA PIEPRZKA NADZIEWANA 195

    SKŁADNIKI 195

    PRZETWARZANIE 195

    kłamstwa 196

Belka 197

    SKŁADNIKI 197

    PRZETWARZANIE 197

    kłamstwa 197

ŻOŁNIERZE PAWII 198

    SKŁADNIKI 198

    PRZETWARZANIE 198

    kłamstwa 199

Rachel 200

    SKŁADNIKI 200

    PRZETWARZANIE 200

    kłamstwa 200

PSTRĄG DLA NAWARRY 201

SKŁADNIKI 201

PRZETWARZANIE 201

kłamstwa 201

TATARA ŁOSOSIOWA Z AWOKADO 202

SKŁADNIKI 202

PRZETWARZANIE 202

kłamstwa 202

Przegrzebek galicyjski 204

SKŁADNIKI 204

PRZETWARZANIE 204

kłamstwa 204

KURCZAK W SOSIE PIECZARKOWYM 206

SKŁADNIKI 206

PRZETWARZANIE 206

kłamstwa 207

PRZEZ MĘŻA W ĘBLESAUD 208

SKŁADNIKI 208

PRZETWARZANIE 208

kłamstwa 208

NUSCALE Z KURCZAKA NA PARZE 209

SKŁADNIKI 209

PRZETWARZANIE 209

kłamstwa 210

FILET Z KURCZAKA MADRLEŃA 211

SKŁADNIKI 211

PRZETWARZANIE 211

kłamstwa 211
GRUBY KURCZAK WHISKY 211
    SKŁADNIKI 212
    PRZETWARZANIE 212
    kłamstwa 212
PIECZONA KACZKA 213
    SKŁADNIKI 213
    PRZETWARZANIE 213
    kłamstwa 214
Pierś z kurczaka VILLAROY 215
    SKŁADNIKI 215
    PRZETWARZANIE 215
    kłamstwa 216
KURCZAK W SOSIE O NISKIM SYGNALE 217
    SKŁADNIKI 217
    PRZETWARZANIE 217
    kłamstwa 218
MALOWANE ZAOPATRZONE W KWIATY I GRZYBY 219
    SKŁADNIKI 219
    PRZETWARZANIE 219
    kłamstwa 220

EWA ZIEMNIAKI

SKŁADNIKI

1 kg ciecierzycy

1 kg dorsza

500 gramów szpinaku

50 gramów migdałów

Zestaw 3 l

2 łyżki sosu pomidorowego

1 łyżka papryki

3 kromki chleba tostowego

2 ząbki czosnku

1 zielona papryka

1 cebula

1 liść laurowy

Oliwa z oliwek

Sal

PRZETWARZANIE

Ciecierzycę namoczyć na 24 godziny.

Na patelni na średnim ogniu podsmaż posiekaną cebulę, czosnek i paprykę. Dodać paprykę, liść laurowy, sos pomidorowy i zalać bulionem rybnym. Gdy zacznie wrzeć, dodaj ciecierzycę. Gdy będą już prawie miękkie, dodaj dorsza i szpinak.

W międzyczasie zmiel migdały ze smażonym chlebem. Mieszamy i dodajemy do gulaszu. Gotuj kolejne 5 minut i dopraw solą.

kłamstwa

Ciecierzycę należy wrzucić do garnka z wrzącą wodą, w przeciwnym razie bardzo łatwo stwardnieje i straci skórkę.

PROFESJONALNA KACZKA

SKŁADNIKI

400 g fasoli

500 g ziaren

½ kieliszka białego wina

4 ząbki czosnku

1 mała zielona papryka

1 mały pomidor

1 cebula

1 por

1 cayenne

posiekana świeża pietruszka

Oliwa z oliwek

PRZETWARZANIE

Na patelnię włóż fasolę, paprykę, połowę cebuli, czysty por, 1 ząbek czosnku i pomidory. Zalać zimną wodą i gotować około 35 minut, aż warzywa będą miękkie.

Osobno podsmaż na dużym ogniu drugą połowę cebuli, paprykę cayenne i pozostałe ząbki czosnku, pokrojone w bardzo cienkie plasterki. Dodać małże i zdeglasować winem.

Do białej fasoli dodać śliwki z sosem, dodać natkę pietruszki i smażyć kolejne 2 minuty. Dostosuj sól.

kłamstwa

Małże namoczyć w zimnej, osolonej wodzie na 2 godziny, aby usunąć cały brud.

CAVILLE BISQUE

SKŁADNIKI

1 ½ kg homara

250 gramów pomidora

200 gramów porów

150 g masła

100 gramów marchewki

100 g cebuli

75 g ryżu

1½ l bulionu rybnego

¼ l śmietany

1 litr brandy

1 dl wina

1 gałązka tymianku

2 liście laurowe

sól pieprz

PRZETWARZANIE

Homara pokroić na kawałki i smażyć na złoty kolor na 50 g masła. Zapalamy brandy i polewamy winem. Przykryj i gotuj przez 15 minut.

Zarezerwuj mięso z homara. Nacieraj ich ciała brandy, winem kuchennym i kadzidłem. Zatrzymaj się u Chińczyka i uzupełnij.

Podsmaż posiekane warzywa (w zależności od twardości) na pozostałym maśle. Na koniec dodać pomidory. Namoczyć w zarezerwowanym soku, dodać zioła i ryż. Gotuj przez 45 minut. Wymieszać i przepuścić przez filtr. Dodać śmietanę i gotować kolejne 5 minut.

Krem podajemy z posiekanym homarem.

kłamstwa

Płomień oznacza spalenie napoju alkoholowego w taki sposób, że znika alkohol, ale nie smak. Ważne jest, aby robić to przy wyłączonym wentylatorze.

KLEJE DO CIĘCIA WARZYW

SKŁADNIKI

150 g szynki serrano pokrojonej w kostkę

150 g zielonej fasolki

150 g kalafiora

150 g grochu

150 g fasoli

2 łyżki mąki

3 karczochy

2 jajka na twardo

2 marchewki

1 cebula

1 ząbek czosnku

1 cytryna

Oliwa z oliwek

Sal

PRZETWARZANIE

Oczyść karczochy, pozbywając się liści i wierzchołków. Zagotuj wodę z 1 łyżką mąki i sokiem z cytryny, aż będzie gładka. Aktualizacja i kopia zapasowa.

Obierz i pokrój marchewki na średnie kawałki. Usuń nitki i górną część fasoli, pokrój ją na 3 części. Zbieramy róże z kalafiora. Zagotuj wodę i gotuj każde warzywo osobno, aż będzie miękkie. Aktualizacja i kopia zapasowa.

Zupę jarzynową przekrój na pół (oprócz zupy karczochowej).

Cebulę i czosnek pokroić na małe kawałki. Gotuj przez 10 minut z pokrojoną w kostkę szynką serrano. Dodać drugą łyżkę mąki i smażyć kolejne 2 minuty. Dodaj 150 ml bulionu warzywnego. Wyjmij i gotuj przez 5 minut. Dodać warzywa i ćwiartki jajek na twardo. Gotuj przez 2 minuty, następnie dodaj sól.

kłamstwa

Warzywa należy gotować osobno, ponieważ czas gotowania nie jest taki sam.

LICENCJA DOMOWA

SKŁADNIKI

1 ¼ kg boćwiny

750 g ziemniaków

3 ząbki czosnku

2 dl oliwy z oliwek

Sal

PRZETWARZANIE

Umyj ziarno i pokrój liście na duże kawałki. Obierz liście i pokrój w pierścienie. Liście i łodygi gotuj we wrzącej, osolonej wodzie przez 5 minut. Aktualizuj, drukuj i zapisuj.

Obrane i puree ziemniaczane gotuj w tej samej wodzie przez 20 minut. Odcedź i odłóż na bok.

Na oleju podsmaż obrany i pokrojony w plasterki czosnek. Dodaj penca, liście i ziemniaki i smaż przez 2 minuty. Dostosuj sól.

kłamstwa

Penca może być wypełniona szynką i serem. Następnie nacieramy i gotujemy.

CIASTO Z DYNI I ŁOSOSA

SKŁADNIKI

400 g cukinii

200 g świeżego łososia (z ościami)

750 ml śmietanki

6 jaj

1 cebula

Oliwa z oliwek

sól pieprz

PRZETWARZANIE

Cebulę pokroić w drobną kostkę i podsmażyć na odrobinie oleju. Cukinię pokroić w drobną kostkę i dodać cebulę. Gotujemy na średnim ogniu przez 10 minut.

Mieszamy i dodajemy ½ l śmietany oraz 4 jajka, aż powstanie rzadkie ciasto.

Ułóż je w osobnych foremkach, natłuszczonych i posypanych mąką i piecz w bemarze w temperaturze 170°C przez ok. Piec przez 10 minut.

W międzyczasie na odrobinie oleju podsmażamy pokrojonego w kostkę łososia. Doprawić do smaku i wymieszać z pozostałą śmietanką i 2 jajkami. Połóż go na wierzchu ciasta z cukinii. Kontynuuj pieczenie przez kolejne 20 minut lub do momentu, aż ciasto się zetnie.

kłamstwa

Podawać na gorąco, z kruszonym majonezem i kilkoma gałązkami prażonego szafranu.

KARMACZ Z GRZYBAMI I PARMEZANEM

SKŁADNIKI

1 ½ kg karczochów

200 g grzybów

50 gramów parmezanu

1 kieliszek białego wina

3 duże pomidory

1 mała cebula

1 cytryna

Oliwa z oliwek

sól pieprz

PRZETWARZANIE

Obierz karczoch, usuń łodygę, twarde zewnętrzne liście i górę. Kroimy je na cztery części i nacieramy cytryną, żeby nie zardzewiały. zarezerwuj to

Powoli podsmaż posiekaną cebulę. Zwiększ ogień i dodaj oczyszczone i pokrojone w plasterki grzyby. Gotuj przez 3 minuty. Wlać wino, następnie dodać pokrojone pomidory i karczochy. Przykryj i gotuj przez 10 minut lub do momentu, aż karczochy będą miękkie, a sos zgęstnieje.

Na talerzu, sosem i posyp parmezanem.

kłamstwa

Innym sposobem zapobiegania rdzewieniu karczochów jest namoczenie ich w zimnej wodzie z dużą ilością świeżej pietruszki.

Marynowany bakłażan

SKŁADNIKI

2 duże bakłażany

3 łyżki soku z cytryny

3 łyżki posiekanej świeżej natki pietruszki

2 łyżki mielonego czosnku

1 łyżka mielonego kminku

1 łyżka cynamonu

1 łyżka ostrej papryki

Oliwa z oliwek

Sal

PRZETWARZANIE

Bakłażany przekrój wzdłuż. Posyp solą i odstaw na papier kuchenny na 30 minut. Spłucz dużą ilością wody i odłóż na bok.

Plasterki bakłażana zalać olejem i solą i piec przez 25 minut w temperaturze 175 stopni.

Pozostałe składniki wymieszaj w misce. Do masy dodać bakłażana i wymieszać. Przykryj i wstaw do lodówki na 2 godziny.

kłamstwa

Aby bakłażan stracił goryczy, można go namoczyć w mleku z odrobiną soli na 20 minut.

SMAŻONA FEBICULA Z JÓNEM SERRANO

SKŁADNIKI

1 butelka fasoli w oleju

2 ząbki czosnku

4 plastry szynki serrano

1 mała cebula

2 jajka

sól pieprz

PRZETWARZANIE

Na patelnię wlać olej z fasoli. Podsmaż posiekaną cebulę, zwinięty czosnek i boczek pokrojony w cienkie paski. Zwiększ ogień, dodaj fasolę i gotuj przez 3 minuty.

Jajka oddzielnie ubić i doprawić solą. Na fasolę wlać jajko i ciągle mieszać.

kłamstwa

Do ubitych jajek dodaj odrobinę śmietanki lub mleka, aby były gładkie.

ZŁAM SIĘ

SKŁADNIKI

1 kg kapusty

1 kg ziemniaków

100 g szynki

5 ząbków czosnku

Oliwa z oliwek

Sal

PRZETWARZANIE

Obrać kapustę, umyć i pokroić w cienkie plasterki. Obierz ziemniaki i pokrój je w ćwiartki. Gotuj wszystko razem przez 25 minut. Wyjmij i rozdrobnij widelcem, gdy będzie gorące.

Na patelni podsmaż posiekany czosnek i szynkę pokrojoną w paski. Dodajemy do poprzedniego ciasta ziemniaczanego i smażymy z obu stron po 3 minuty jak omlet ziemniaczany.

kłamstwa

Kapustę po ugotowaniu należy dobrze osuszyć, w przeciwnym razie trinx nie będzie się dobrze smażył.

ZAPIEKANKA BROKUŁOWA Z SUSCE I AURORĄ

SKŁADNIKI

150 g szynki w paskach

1 duży brokuł

Sos Aurora (patrz bulion i sosy)

Oliwa z oliwek

sól pieprz

PRZETWARZANIE

Na patelni dobrze podsmaż paski boczku i odłóż na bok.

Brokuły podzielić na pęczki i gotować w dużej ilości osolonej wody przez 10 minut lub do miękkości. Odcedź i połóż na tacy.

Na brokułach ułóż boczek, następnie sos Aurora i zapiekankę w maksymalnej temperaturze, aż uzyskasz złoty kolor.

kłamstwa

Aby zminimalizować zapach brokułów, do wrzącej wody dodaj odrobinę octu.

BOGOGÁN Z KRABEM I GODAKI NA ZIELONYM BŁONIE

SKŁADNIKI

500 g gotowanego kardana

2 dl białego wina

2 dl sosu rybnego

2 łyżki posiekanej świeżej natki pietruszki

1 łyżka mąki

20 pocisków

4 ząbki czosnku

1 cebula

Oliwa z oliwek

Sal

PRZETWARZANIE

Cebulę i czosnek pokroić na małe kawałki. Dusić na 2 łyżkach oleju przez 15 minut.

Dodać mąkę i smażyć 2 minuty, ciągle mieszając. Zwiększ ogień, wlej wino i całkowicie ostudź.

Namoczyć w wędzarni i gotować przez 10 minut na małym ogniu, ciągle mieszając. Dodać natkę pietruszki i doprawić solą.

Dodaj wcześniej oczyszczone muszle i gimbal. Przykryj i gotuj przez 1 minutę, aż małże się otworzą.

kłamstwa

Nie rozgotuj pietruszki, aby nie straciła koloru ani nie zrobiła się brązowa.

KARMELIZOWANA CEBULA

SKŁADNIKI

2 duże cebule

2 łyżki cukru

1 łyżeczka octu z Modeny lub sherry

PRZETWARZANIE

Smaż smażoną cebulę pod przykryciem, aż będzie przezroczysta

Przykryj i gotuj, aż uzyskasz złoty kolor. Dodać cukier i gotować kolejne 15 minut. Umyć octem i gotować kolejne 5 minut.

kłamstwa

Jeśli chcesz zrobić omlet z taką ilością karmelizowanej cebuli, potrzebujesz 800 g ziemniaków i 6 jajek.

GRZYBY NADZIEWANE KURCZAKIEM SERRANO I PESTO

SKŁADNIKI

500 g świeżych grzybów

150 g szynki serrano

1 drobno posiekana cebula

Sos pesto (patrz soki i sosy)

PRZETWARZANIE

Cebulę i szynkę pokroić na małe kawałki. Piec powoli przez 10 minut. Zostaw do schlodzenia.

Oczyść i usuń łodygę z grzyba. Smaż je do góry nogami na patelni przez 5 minut.

Pieczarki napełnić boczkiem i cebulą, polać odrobiną sosu pesto i piec w temperaturze 200 stopni przez ok. na 5 minut.

kłamstwa

Nie trzeba dodawać soli, gdyż boczek i pesto są lekko słone.

CAULIRO Z AJOARRIERO

SKŁADNIKI

1 duży kalafior

1 łyżka słodkiej papryki

1 łyżka octu

2 ząbki czosnku

8 łyżek oliwy z oliwek

Sal

PRZETWARZANIE

Kalafior podziel na kawałki i gotuj w dużej ilości osolonej wody przez 10 minut lub do miękkości.

Czosnek pokroić i podsmażyć na oleju. Zdejmij patelnię z ognia i dodaj paprykę. Gotuj przez 5 sekund, następnie dodaj ocet. Dopraw sofrito solą i sosem.

kłamstwa

aby kalafior mniej pachniał podczas gotowania, do wody dodaj 1 szklankę mleka.

PODWÓJNIE INNE

SKŁADNIKI

100 g startego parmezanu

1 duży kalafior

2 żółtka

Sos beszamelowy (patrz sos i sosy)

PRZETWARZANIE

Kalafior podziel na kawałki i gotuj w dużej ilości osolonej wody przez 10 minut lub do miękkości.

Dodaj beszamel (z ognia), mieszając śliwki i ser.

Kalafiora ułożyć w naczyniu żaroodpornym i posypać beszamelem. Szlifować w maksymalnej temperaturze, aż powierzchnia będzie złocista.

kłamstwa

Jeśli do beszamelu dodamy tarty ser i żółtko, otrzymamy nowy sos Mornay.

MASZ TO

SKŁADNIKI

500 g grzybów

100 g masła

100 g cebuli (lub cebuli)

sól pieprz

PRZETWARZANIE

Pieczarki oczyścić i pokroić na małe kawałki.

Na maśle podsmaż drobno posiekaną cebulę, a następnie dodaj grzyby. Gotujemy, aż płyn całkowicie zniknie. Sezon

kłamstwa

Może być przystawką, nadzieniem, a nawet pierwszym daniem. Duxelle z grzybami z jajkami w koszulce, pierś z kurczaka faszerowana duxelle itp.

Z WĘDZONYM ŁOSOSIEM I KOZĄ

SKŁADNIKI

200 g śmietanki

150 g wędzonego łososia

100 g sera Cabrales

50 g obranych orzechów włoskich

6 perełek z tkaniny

sól pieprz

PRZETWARZANIE

Endywie pokroić, dokładnie umyć w zimnej wodzie i moczyć w lodowatej wodzie przez 15 minut.

W misce wymieszaj ser, paski łososia, orzechy włoskie, śmietanę, sól i pieprz i napełnij endywię tym sosem.

kłamstwa

Płukanie tkaniny pod zimną wodą i moczenie w lodowatej wodzie pomoże usunąć jej gorycz.

LOMBARDÓW SEGOWIŃSKICH

SKŁADNIKI

40 g orzeszków piniowych

40 g rodzynek

1 łyżka papryki

3 ząbki czosnku

1 czerwona kapusta

1 siusiu jabłko

Oliwa z oliwek

Sal

PRZETWARZANIE

Usuń środkową łodygę i zewnętrzne liście z czerwonej kapusty i pokrój ją w paski julienne. Jabłko pokroić bez usuwania skórki i pokroić na ćwiartki. Gotuj czerwoną kapustę, rodzynki i jabłka przez 90 minut. Odcedź i odłóż na bok.

Czosnek siekamy i podsmażamy na patelni. Dodać orzeszki piniowe i tosty. Dodać paprykę i czerwoną kapustę z rodzynkami i jabłkami. Piec przez 5 minut.

kłamstwa

Aby nie stracić koloru kapusty, gotuj ją wrzącą wodą i dodaj kroplę octu.

SAŁATKA Z PALONEJ PAPRYKI

SKŁADNIKI

3 pomidory

2 bakłażany

2 cebule

1 czerwona papryka

1 główka czosnku

Ocet (opcjonalnie)

Oliwa z oliwek z pierwszego tłoczenia

Sal

PRZETWARZANIE

Rozgrzej piekarnik do 170°C.

Bakłażana, paprykę i pomidora myjemy, cebulę obieramy. Wszystkie warzywa ułóż na blasze do pieczenia i skrop dużą ilością oleju. Piec przez 1 godzinę, od czasu do czasu obracając, aby równomiernie się upiekło. Wyjmij to tak, jak jest.

Pozwól pieprzowi ostygnąć, usuń skórę i nasiona. Papryka Julienne, cebula i bakłażan bez pestek. Usuń ząbki czosnku z pieczonej główki, delikatnie je naciskając.

Wszystkie warzywa wymieszaj w misce, dopraw odrobiną soli i smażonym olejem. Można też dodać kilka kropli octu.

kłamstwa

Wskazane jest wykonanie kilku nacięć w skórce bakłażana i pomidorów, aby nie rozerwały się podczas gotowania i ułatwiły ich obieranie.

FRANCUSKIE KOZY

SKŁADNIKI

850 g czystego groszku

250 g cebuli

90 g szynki Serrano

90 g masła

1 litr bulionu

1 łyżka mąki

1 czysta sałatka

Sal

PRZETWARZANIE

Na maśle podsmaż posiekaną cebulę i pokrojoną w kostkę szynkę. Dodaj mąkę i smaż przez 3 minuty.

Dodać bulion i gotować kolejne 15 minut, od czasu do czasu mieszając. Dodaj groszek i gotuj przez 10 minut na średnim ogniu.

Dodaj pyszną julienne i gotuj przez kolejne 5 minut. Dodaj szczyptę soli.

kłamstwa

Groszek ugotuj bez przykrycia, aby nie zrobił się szary. Dodanie szczypty cukru podczas gotowania poprawia smak groszku.

SZPINAK

SKŁADNIKI

3/4 funta świeżego szpinaku

45 g masła

45 g mąki

½ litra mleka

3 ząbki czosnku

Gałka muszkatołowa

Oliwa z oliwek

sól pieprz

PRZETWARZANIE

Beszamel wytwarza się z roztopionego masła i mąki. Gotować 5 minut, następnie dodać mleko, ciągle mieszając. Gotuj przez 15 minut i dopraw solą, pieprzem i gałką muszkatołową.

Szpinak ugotować w dużej ilości osolonej wody. Odcedzić, ostudzić i dobrze wycisnąć do całkowitego wyschnięcia.

Czosnek siekamy i smażymy na oleju przez 1 minutę. Dodać szpinak i smażyć na średnim ogniu przez 5 minut.

Wymieszaj szpinak z beszamelem i smaż kolejne 5 minut, nie przerywając mieszania.

kłamstwa

Para zapiekanych trójkątów z kromkami chleba.

NAPOJE Z BIAŁYM BUTIFE

SKŁADNIKI

1 butelka fasoli w oleju

2 ząbki czosnku

1 biała kiełbasa

1 mała cebula

Oliwa z oliwek

Sal

PRZETWARZANIE

Na patelnię wlać olej z fasoli. Na tym oleju drobno podsmaż cebulę i czosnek, następnie dodaj pokrojoną w kostkę kiełbasę.

Piec przez 3 minuty, aż lekko się zarumieni. Zwiększ ogień, dodaj fasolę i gotuj przez kolejne 3 minuty. Dodaj szczyptę soli.

kłamstwa

Można zrobić także z miękkiej fasoli. Aby to zrobić, gotuj je w zimnej wodzie przez 15 minut lub do momentu, aż zmiękną. Ochłodzić lodowatą wodą, następnie obrać. Następnie przygotuj przepis w ten sam sposób.

ZIELONA STRONA Z BEKONEM

SKŁADNIKI

600 g zielonej fasolki

150 g szynki serrano

1 łyżeczka papryki

5 pomidorów

3 ząbki czosnku

1 cebula

Oliwa z oliwek

Sal

PRZETWARZANIE

Usuń boki i końce fasoli i pokrój ją w dużą kostkę. Gotować we wrzącej wodzie przez 12 minut. Odcedź, ostudź i gotuj.

Cebulę i czosnek pokroić na małe kawałki. Smaż powoli przez 10 minut i dodaj szynkę serrano. Gotujemy jeszcze przez 5 minut. Dodać paprykę i posiekany pomidor i smażyć, aż cała woda zniknie.

Dodaj zieloną fasolkę do sosu i gotuj przez kolejne 3 minuty. Dodaj szczyptę soli.

kłamstwa

Chorizo można zastąpić szynką serrano.

gulasz jagnięcy

SKŁADNIKI

450 gramów jagnięciny

200 g zielonej fasolki

150 g obranej fasoli

150 g grochu

2 litry bulionu

2 dl czerwonego wina

4 serca karczochów

3 ząbki czosnku

2 duże pomidory

2 duże ziemniaki

1 zielona papryka

1 czerwona papryka

1 cebula

Oliwa z oliwek

sól pieprz

PRZETWARZANIE

Jagnięcinę sieka się, przyprawia i smaży na dużym ogniu. Odbierz i zarezerwuj.

Na tym samym oleju powoli smażymy posiekany czosnek i cebulę przez 10 minut. Dodać pokrojone pomidory i smażyć, aż woda całkowicie odparuje. Zwilżyć winem i pozostawić do ostygnięcia. Wlać bulion, dodać jagnięcinę i gotować przez 50 minut lub do momentu, aż mięso będzie miękkie. Sezon

Oddzielnie w drugim garnku ugotuj na parze paprykę, groszek, pokrojone w ćwiartki karczochy, fasolę i fasolę. Wlać bulion jagnięcy i gotować powoli przez 5 minut. Dodać obrane i pokrojone ziemniaki. Gotuj do miękkości. Dodać jagnięcinę i trochę bulionu.

kłamstwa

Groszek ugotuj bez przykrycia, aby nie zrobił się szary.

SŁODKI AUGBLANTE Z kozim serem, miodem i curry

SKŁADNIKI

200 g sera koziego

1 bakłażan

Drogi

curry

mąka

Oliwa z oliwek

Sal

PRZETWARZANIE

Bakłażany pokroić w cienkie plasterki, ułożyć na papierze chłonnym i posolić z obu stron. Pozwól mu odpocząć przez 20 minut. Usuń nadmiar soli i mąki, zetrzyj.

Ser pokroić w cienkie plasterki. Połóż razem warstwy bakłażana i sera. Piec 5 minut w temperaturze 160 stopni.

Połóż na talerzu i dodaj 1 łyżeczkę miodu oraz odrobinę curry do każdego plasterka bakłażana.

kłamstwa

Pokrojenie bakłażana i pozostawienie go z solą usuwa całą gorycz.

CIASTO Z BIAŁYCH SZPARAGÓW I WĘDZONEGO ŁOSOSIA

SKŁADNIKI

400 g szparagów z puszki

200 g wędzonego łososia

½ l śmietanki

4 jajka

mąka

Oliwa z oliwek

sól pieprz

PRZETWARZANIE

Wszystkie składniki mieszamy aż do uzyskania gładkiego ciasta. Odcedź, aby uniknąć łodyg szparagów.

Wlewamy do wyjątkowych foremek, natłuszczamy i oprószamy mąką. Piec w temperaturze 170°C przez 20 minut. Można go przyjmować na gorąco lub na zimno.

kłamstwa

Majonez z pokruszonymi listkami świeżej bazylii będzie idealnym dodatkiem.

PIQUILLO WYPEŁNIONE MORCILLĄ Z SOSEM SŁODKIM MUSEM

SKŁADNIKI

krem 125ml

8 łyżek musztardy

2 łyżki cukru

12 papryczek piquillo

2 kaszanki

Zostawić

Mąka i jajka (do panierowania)

Oliwa z oliwek

PRZETWARZANIE

Kaszankę pokruszyć i usmażyć razem z garścią orzeszków piniowych na gorącej patelni. Studzimy i wypełniamy paprykę. Obtaczamy w mące i jajku, smażymy na dużej ilości oleju.

Śmietanę z musztardą i cukrem gotujemy aż zgęstnieje. Podawaj paprykę z sosem chili.

kłamstwa

Paprykę należy smażyć stopniowo i na bardzo gorąco na oleju.

SZEŚĆ Z SOSEM MIGDAŁOWYM

SKŁADNIKI

900 g ugotowanego kardana

75 g zmielonych migdałów

50 g mąki

50 g masła

1 litr bulionu z kurczaka

1 dl białego wina

1 dl kremu

1 łyżka posiekanej świeżej natki pietruszki

2 ząbki czosnku

2 żółtka

1 cebula

Oliwa z oliwek

sól pieprz

PRZETWARZANIE

Smaż migdały i mąkę powoli na maśle przez 3 minuty. Wlać bulion z kurczaka, ciągle mieszając, i gotować przez kolejne 20 minut. Dodać śmietanę, zdjąć z ognia i wymieszać z żółtkiem. Sezon

Cebulę i czosnek podsmażamy osobno na oleju. Dodać karczoch, zwiększyć ogień i zdeglasować winem. Niech całkowicie się zredukuje.

Do zupy dodać karczoch i podawać posypaną natką pietruszki.

kłamstwa

Nie przegrzewaj sosu po dodaniu żółtka, aby nie zasnęło i sos zrobił się grudkowaty.

TŁOK

SKŁADNIKI

4 dojrzałe pomidory

2 zielone papryki

2 cukinie

2 cebule

1 czerwona papryka

2-3 ząbki czosnku

1 łyżeczka cukru

Oliwa z oliwek

Sal

PRZETWARZANIE

Pomidory zblanszować, zdjąć skórkę i pokroić w kostkę. Obierz i posiekaj cebulę oraz cukinię. Oczyść paprykę z nasion, mięso pokrój w kostkę.

Smaż czosnek i cebulę na niewielkiej ilości oleju przez 2 minuty. Dodaj paprykę i gotuj przez kolejne 5 minut. Dodać cukinię i smażyć jeszcze kilka minut. Na koniec dodać pomidory i gotować, aż wyparuje cała woda. Oczyść cukier i sól, a następnie zagotuj.

kłamstwa

Możesz użyć pomidorów z puszki lub dobrego sosu pomidorowego.

POsmaruj warzywa octem

SKŁADNIKI

8 porów

2 ząbki czosnku

1 zielona papryka

1 czerwona papryka

1 mała cebula

1 ogórek

12 łyżek oleju

4 łyżki octu

sól pieprz

PRZETWARZANIE

Paprykę, cebulę, czosnek i ogórek pokroić na małe kawałki. Wymieszaj z oliwą, octem, solą i pieprzem. Usuń to

Pory oczyść i gotuj we wrzącej wodzie przez 15 minut. Wyjmij, osusz i przekrój każdą na 3 części. Sos do dań i winegret.

kłamstwa

Zrób winegret z pomidorów, cebuli, kaparów i czarnych oliwek. Zapiekanka porowa z mozzarellą i sosem. On mieszkał

KOŚCIÓŁ PRISCHÓW, SZYNKI I KROKÓW

SKŁADNIKI

200 g sera Manchego

1 litr śmietanki

8 jaj

6 dużych porów, oczyszczonych

1 opakowanie szynki wędzonej

1 opakowanie mrożonego makaronu

mąka

Oliwa z oliwek

sól pieprz

PRZETWARZANIE

Nasmaruj tłuszczem i mąką formę i przykryj ją ciastem francuskim. Na wierzch połóż folię aluminiową i warzywa, aby nie wyrosły i piecz przez 15 minut w temperaturze 185°C.

W międzyczasie powoli podsmażamy drobno posiekany por. Dodaj drobno posiekaną szynkę.

Ubite jajko wymieszać ze śmietaną, porem, szynką i startym serem. Dopraw solą i pieprzem, połóż tę mieszaninę na makaronie i piecz w temperaturze 165°C przez 45 minut, aż stwardnieje.

kłamstwa

Aby sprawdzić, czy quiche jest gotowe, przebij środek wykałaczką. Jeżeli wyjdzie suche, to znak, że ciasto jest gotowe.

RAJ W PROWENCALI

SKŁADNIKI

100 g bułki tartej

4 pomidory

2 ząbki czosnku

pietruszka

Oliwa z oliwek

sól pieprz

PRZETWARZANIE

Obierz i posiekaj czosnek, następnie wymieszaj z bułką tartą. Pomidory przekrój na pół i usuń nasiona.

Na patelni rozgrzewamy oliwę i wrzucamy pomidory przekrojoną stroną do dołu. Gdy skórka zacznie podnosić się na brzegach, odwróć ją. Gotuj przez kolejne 3 minuty i połóż na blasze do pieczenia.

Na tej samej patelni podsmaż mieszankę chleba i czosnku. Gdy się zrumienią, posypujemy wierzch pomidorami. Rozgrzewamy piekarnik do 180 stopni i pieczemy przez 10 minut, uważając, aby nie wyschły.

kłamstwa

Najczęściej spożywa się go jako dodatek do dania głównego, ale także jako danie główne, z lekko podsmażoną mozzarellą.

NADZIEWANA CEBULA

SKŁADNIKI

125 g mielonej wołowiny

125 g szynki

2 łyżki sosu pomidorowego

2 łyżki bułki tartej

4 duże cebule

1 jajko

Oliwa z oliwek

sól pieprz

PRZETWARZANIE

Podsmaż szynkę i pokrojone w kostkę mięso mielone, dodając sól i pieprz, aż przestaną być różowe. Dodaj pomidory i gotuj jeszcze przez 1 minutę.

Mięso wymieszać z jajkiem i bułką tartą.

Usuń pierwszą warstwę cebuli i jej podstawę. Zalać wodą i gotować 15 minut. Suszymy, usuwamy środek i napełniamy mięsem. Piec 15 minut w temperaturze 175 stopni.

kłamstwa

Sos Mornay można przygotować zastępując połowę mleka wodą z gotowania cebuli. Na wierzch wylej sos i zetrzyj.

GRZYBY Z KREMEM ORZECHOWYM

SKŁADNIKI

1 kg mieszanki grzybów

250 ml śmietanki

125 ml brandy

2 ząbki czosnku

Drzewo orzechowe

Oliwa z oliwek

sól pieprz

PRZETWARZANIE

Na patelni podsmaż posiekany czosnek. Zwiększ ogień i dodaj oczyszczone i pokrojone w plasterki grzyby. Smaż przez 3 minuty.

Zwilżyć brandy i pozostawić do ostygnięcia. Dodaj śmietanę i gotuj powoli przez kolejne 5 minut. W moździerzu rozetrzeć garść orzechów włoskich i posypać po wierzchu.

kłamstwa

Dobrym wyborem są grzyby hodowlane, a nawet suszone.

CIASTO POMIDOROWO-BAZYLIOWE

SKŁADNIKI

½ l śmietanki

8 łyżek sosu pomidorowego (patrz soki i sosy)

4 jajka

8 listków świeżej bazylii

mąka

Oliwa z oliwek

sól pieprz

PRZETWARZANIE

Wszystkie składniki miksujemy aż do uzyskania jednorodnej masy.

Rozgrzej piekarnik do 170°C. Rozłóż w posypanych mąką i natłuszczonych foremkach i piecz przez 20 minut.

kłamstwa

To świetny sposób na wykorzystanie resztek sosu pomidorowego z innego przepisu.

KURCZAK KURRI Gulasz ziemniaczany

SKŁADNIKI

1 kg ziemniaków

½ litra bulionu z kurczaka

2 piersi z kurczaka

1 łyżka curry

2 ząbki czosnku

2 pomidory

1 cebula

1 liść laurowy

Oliwa z oliwek

sól pieprz

PRZETWARZANIE

Piersi pokroić w średnią kostkę. Układamy je i smażymy na rozgrzanym oleju. Wyjmij i zarezerwuj.

Na tym samym oleju podsmaż cebulę i czosnek pokrojone w drobną kostkę na małym ogniu przez 10 minut. Dodaj curry i gotuj przez kolejną minutę. Dodaj pokrojone pomidory, zwiększ ogień i gotuj, aż pomidory stracą całą wodę.

Obierz i obierz ziemniaki. Dodaj je do sosu i gotuj przez 3 minuty. Umyć bulionem i liśćmi laurowymi. Gotuj, aż ziemniaki będą gotowe, następnie dopraw solą i pieprzem.

kłamstwa

Usuń trochę sosu i trochę ziemniaków i rozgnieć widelcem. Wróć do wrzenia i gotuj przez 1 minutę, ciągle mieszając. Zagęszcza to płyn bez konieczności dodawania mąki.

SŁODKIE JAJKO

SKŁADNIKI

8 jaj

tostowy chleb

sól pieprz

PRZETWARZANIE

Jajka włóż do miski zalanej zimną wodą i solą. Gotuj, aż woda delikatnie się zagotuje. Pozostawić na ogniu na 3 minuty.

Wyjąć jajko i ostudzić w lodowatej wodzie. Ostrożnie odetnij górną warstwę jak kapelusz. Dopraw solą i pieprzem i podawaj z pieczywem tostowym.

kłamstwa

Ważne, żeby jajko ruszyło już w pierwszej minucie, tak aby żółtko zostało w środku.

ZIEMNIAKI DLA ZNACZENIA

SKŁADNIKI

1 kg ziemniaków

¾ l bulionu rybnego

1 mały kieliszek białego wina

1 łyżka mąki

2 ząbki czosnku

1 cebula

Mąka i jajka (do panierowania)

pietruszka

Oliwa z oliwek

PRZETWARZANIE

Obierz ziemniaki i pokrój je w niezbyt grube plasterki. Mąkę i przejść przez jajka. Upiecz i zarezerwuj.

Cebulę i czosnek pokroić na małe kawałki i obrać. Dodajemy i podkreślamy łyżkę mąki i zalewamy winem. Pozostawić do ostygnięcia, aż będzie prawie sucha i wilgotna wraz z wędzarnią. Gotuj przez 15 minut na małym ogniu. Doprawić solą i dodać natkę pietruszki.

Do sosu dodajemy ziemniaki i gotujemy do miękkości.

kłamstwa

Można dodać kawałki żabnicy lub morszczuka i krewetek.

Z JABŁKAMI

SKŁADNIKI

8 jaj

150 g suszonych borowików

50 g masła

50 g mąki

1 dl słodkiego wina

2 ząbki czosnku

Gałka muszkatołowa

ocet

olej

sól pieprz

PRZETWARZANIE

Borowiki namoczyć na ok. 1 godzina w 1 litrze gorącej wody. W międzyczasie jajka gotuj we wrzącej, osolonej wodzie i occie przez 5 minut. Wyjąć i natychmiast ostudzić w lodowatej wodzie. Obierz ostrożnie.

Odcedź wieprzowinę i zachowaj wodę. Czosnek pokroić w plasterki i lekko podsmażyć na oleju. Dodaj borowiki i smaż przez 2 minuty na dużym ogniu. Doprawić solą i pieprzem i zalać słodkim winem, aż zmięknie, a sos wyschnie.

W rondelku roztapiamy masło z mąką. Gotuj przez 5 minut, ciągle mieszając. Odlać wodę z nawodnienia borowików. Gotuj przez 15 minut na małym ogniu, ciągle mieszając. Posmakuj i dodaj gałkę muszkatołową.

Na talerzu ułóż porciny, a następnie jajko i udekoruj sosem.

kłamstwa

Ugotowane jajko powinno pozostać z białkiem twarogowym i płynnym żółtkiem.

ZIEMNIAKI I BIAŁY TALERZ

SKŁADNIKI

1 kg ziemniaków

600 g dorsza bez kości i skóry

4 łyżki sosu pomidorowego

1 duża cebula

2 ząbki czosnku

1 liść laurowy

Brandy

Oliwa z oliwek

sól pieprz

PRZETWARZANIE

Ziemniaki obrać, pokroić w ćwiartki i gotować w osolonej wodzie przez 30 minut. Odcedzić i przejść przez młynek spożywczy. Rozsmaruj puree na folii spożywczej i odłóż na bok.

Cebulę i czosnek pokroić na małe kawałki. Smażyć na średnim ogniu przez 5 minut, następnie dodać liść laurowy oraz posiekany i przyprawiony pas. Gotujemy kolejne 5 minut nie przerywając miksowania, zalewamy kroplą brandy i pozostawiamy do ostygnięcia. Dodaj sos pomidorowy i gotuj przez kolejną minutę. Zostaw do schlodzenia.

Połóż biały pieprz na spodzie ziemniaka, zwiń go w bułkę po cygańsku i przechowuj w lodówce do momentu podania.

kłamstwa

Można go przygotować z dowolnej świeżej lub mrożonej ryby. Podawać z różowym sosem lub aioli.

TORTIÑA CON KOCIDO (stare ubrania)

SKŁADNIKI

125 g w dolnej części uda

100 g kurczaka lub kurczaka

60 g kapusty

60 g szynki

1 łyżeczka papryki

3 ząbki czosnku

1 kaszanka

1 kiełbasa

1 cebula

2 łyżki oliwy z oliwek

Sal

PRZETWARZANIE

Cebulę i czosnek pokroić na małe kawałki. Zostawiamy na 10 minut na małym ogniu. Ugotowane mięso i kapustę pokroić na małe kawałki i dodać cebulę. Smażyć na średnim ogniu, aż mięso będzie złocistobrązowe.

Jajka ubić i dodać do mięsa. Dostosuj sól.

Dobrze rozgrzewamy patelnię, wlewamy olej i smażymy tortille z obu stron.

kłamstwa

Podawać z dobrym sosem pomidorowym z kminkiem.

ZIEMNIAKI Z WĘDZONYM LAKACUE, szynką i DIJZAN

SKŁADNIKI

4 średnie ziemniaki

250 g szynki

150 g sera parmezan

200 g wędzonego łososia

½ l śmietanki

1 bakłażan

Oliwa z oliwek

sól pieprz

PRZETWARZANIE

Ziemniaki dobrze umyć i gotować ze skórką na średnim ogniu przez 25 minut lub do miękkości. Odcedź je, przekrój na pół i odsącz, pozostawiając lekką powłokę. Ziemniaki należy zachować w całości i odcedzić.

Na rozgrzanej patelni podsmaż szynkę pokrojoną w cienkie paski. Odbierz i zarezerwuj. Smaż pokrojone w kostkę bakłażany na tym samym oleju przez 15 minut lub do miękkości.

Do garnka wrzucamy odsączone ziemniaki, ugotowany bakłażan, szynkę, pokrojonego w paski łososia, parmezan i śmietanę. Gotuj przez 5 minut na średnim ogniu, następnie dopraw solą i pieprzem.

Napełnij ziemniaki wcześniejszą mieszanką i piecz na złoty kolor w temperaturze 180°C.

kłamstwa

Z tym samym nadzieniem możesz zrobić kilka bakłażanów.

ZIEMNIAKI I SER

SKŁADNIKI

500 g ziemniaków

150 g startego parmezanu

50 g masła

Mąka, jajka i bułka tarta (do panierowania)

2 żółtka

Gałka muszkatołowa

sól pieprz

PRZETWARZANIE

Obierz ziemniaki, pokrój je w ćwiartki i gotuj na średnim ogniu z wodą i solą przez 30 minut. Odcedzić i przejść przez młynek spożywczy. Gdy będzie gorące, dodaj masło, żółtko, sól, pieprz, gałkę muszkatołową i parmezan. Zostaw do schłodzenia.

Formuj kulki w kształcie krokietów i obtaczaj je w mące, roztrzepanym jajku i bułce tartej. Smażymy na dużej ilości oleju na złoty kolor.

kłamstwa

Przed panierowaniem na środku krokieta połóż 1 łyżeczkę sosu pomidorowego i kawałek świeżo ugotowanej kiełbasy. Są pyszne.

DOBRZE ZABEZPIECZONE MIEJSCE

SKŁADNIKI

1 kg ziemniaków późnych lub średnich (odmiany kwaśne lub Monalisa)

1 litr oliwy z oliwek

Sal

PRZETWARZANIE

Obierz ziemniaki i pokrój je w normalną kostkę. Umyć dużą ilością zimnej wody, aż będą całkowicie przezroczyste. dobrze suszą

Na patelni rozgrzej olej na średnim ogniu do około 150 stopni. Gdy zacznie lekko, ale równomiernie wrzeć, dodaj ziemniaki i gotuj, aż będą bardzo miękkie, uważając, aby ich nie połamać.

Zwiększ ogień na rozgrzanym oleju i dodawaj partiami ziemniaki, mieszając łyżką cedzakową. Piecz, aż będą złociste i chrupiące. Wyjmij i odsącz z nadmiaru oleju i soli.

kłamstwa

Obie temperatury oleju są ważne. Dzięki temu będzie bardzo miękki w środku i chrupiący na zewnątrz. Na koniec dodać sól.

JAJKA FLORENTYŃSKIE

SKŁADNIKI

8 jaj

800 g szpinaku

150 g gotowanej szynki

1 ząbek czosnku

Sos beszamelowy (patrz sos i sosy)

Sal

PRZETWARZANIE

Szpinak gotuj we wrzącej, osolonej wodzie przez 5 minut. Ostudzić i odcisnąć, aby stracić całą wodę. Drobno posiekaj i odłóż na bok.

Czosnek posiekaj i smaż przez 1 minutę na średnim ogniu. Dodaj pokrojoną w kostkę szynkę i smaż jeszcze 1 minutę. Zwiększ ogień, dodaj szpinak i gotuj kolejne 5 minut. Następnie podzieliliśmy szpinak do 4 glinianych garnków.

Połóż 2 kawałki rozbitego jajka na szpinaku. Posmarować sosem beszamelowym i gotować 8 minut w temperaturze 170°C.

kłamstwa

Florentyńczycy nazywani są przetworami ze szpinaku.

gulasz ziemniaczany z rybą słoneczną i krabem

SKŁADNIKI

4 ziemniaki

300 g czystej żabnicy, bez kości

250 g obranych krewetek

½ l bulionu rybnego

1 kieliszek białego wina

1 łyżka pasty chorizo

1 łyżeczka papryki

8 pasm szafranu

3 kromki chleba tostowego

2 ząbki czosnku

1 cebula

Oliwa z oliwek

sól pieprz

PRZETWARZANIE

Smaż cebulę i posiekany czosnek na małym ogniu przez 10 minut. Dodaj kromki chleba i tosty. Dodać szafran, paprykę i chorizo. Smaż przez 2 minuty.

Zarezerwuj ziemniaki i dodaj sos. Smaż przez 3 minuty. Dodać wino i pozostawić do całkowitego ostygnięcia.

Wlać bulion i gotować na małym ogniu, aż ziemniaki będą prawie gotowe. Dodaj żabnicę pokrojoną na kawałki i obrane krewetki. Posypać i smażyć kolejne 2 minuty. Pozostaw na 5 minut, zdejmij z ognia.

kłamstwa

Buforowanie ziemniaków oznacza rozrywanie ich na równe kawałki bez całkowitego przecięcia. To zagęści zupę.

JAJKO W STYLU FLAMENCO

SKŁADNIKI

8 jaj

200 g sosu pomidorowego

1 mała puszka papryczek piquillo

4 łyżki ugotowanego groszku

4 plastry szynki serrano

4 grube plastry chorizo

4 puszki szparagów

PRZETWARZANIE

Rozlej sos pomidorowy do 4 garnków. Do każdego włóż po 2 roztrzepane jajka, groszek, chorizo i boczek pokrój w plasterki, a paprykę i szparagi w osobne stosy.

Piec w temperaturze 190 stopni, aż jajka będą lekko miękkie.

kłamstwa

Można go przygotować z kiełbasą, a nawet ze świeżą kiełbasą.

TORTILLA PASIANSKA

SKŁADNIKI

6 jaj

3 duże ziemniaki

25 g ugotowanego groszku

25 g kiełbasy

25 g szynki Serrano

1 zielona papryka

1 czerwona papryka

1 cebula

Oliwa z oliwek

sól pieprz

PRZETWARZANIE

Cebulę i paprykę pokroić na małe kawałki. Obrane ziemniaki pokroić w bardzo cienkie plasterki. Smażyć ziemniaki z cebulą i papryką na średnim ogniu.

Podsmaż chorizo i pokrojoną w kostkę szynkę. Odcedzić ziemniaki z cebulą i papryką. Miesza się go z chorizo i boczkiem. Dodaj groszek.

Jajka ubić, doprawić solą i pieprzem, wymieszać z ziemniakami i pozostałymi składnikami. Dobrze rozgrzej średnią patelnię, dodaj powyższą mieszaninę i wymieszaj z obu stron.

kłamstwa

Nie trzeba dużo spać, bo jest gotowe z ciepłem resztkowym. To stanie się bardziej soczyste.

JAJKA SADZONE Z SOSEM, Z MUSZTARDĄ

SKŁADNIKI

8 jaj

2 niemieckie kiełbaski wędzone

5 łyżek musztardy

4 łyżki śmietanki

2 pikle

sól pieprz

PRZETWARZANIE

Drobno posiekany ogórek wymieszać z musztardą i śmietaną.

Salami pokroić w cienkie plasterki na dnie 4 glinianych garnków. Posmaruj sosem musztardowym, a następnie po 2 jajkach na każdym. Sezon

Piec w temperaturze 180 stopni, aż białko będzie miękkie.

kłamstwa

Do musztardowo-śmietanowej mieszanki dodać 2 łyżki startego parmezanu i kilka gałązek świeżego tymianku.

RYŻ ZIEMNIAKA W MARCU

SKŁADNIKI

7 dużych jaj

Upiecz 800 g ziemniaków

1 dl białego wina

¼ litra bulionu z kurczaka

1 łyżka świeżej pietruszki

1 łyżeczka papryki

1 łyżka mąki

3 ząbki czosnku

Dziewicza oliwa z oliwek

Sal

PRZETWARZANIE

Drobno posiekaj czosnek i smaż na średnim ogniu przez 3 minuty, nie smażąc zbyt mocno. Dodaj mąkę i smaż przez 2 minuty. Dodaj paprykę i smaż przez 5 sekund. Zwilżyć winem i pozostawić do całkowitego ostygnięcia. Dodać bulion i gotować 10 minut na małym ogniu, od czasu do czasu mieszając. Dopraw solą i posyp natką pietruszki.

Obierz ziemniaki. Przekrój wzdłuż na ćwiartki, a te na cienkie plasterki. smażyć do miękkości i jasnobrązowego koloru.

Jajka ubić i doprawić solą. Ziemniaki dobrze odcedzamy i dodajemy do ubitych jajek. Dostosuj sól.

Rozgrzej patelnię, dodaj 3 łyżki oleju, na którym smażono ziemniaki, następnie dodaj mieszaninę jajek i ziemniaków. Mieszaj przez 15 sekund na dużym ogniu. Odwróć go za pomocą talerza. Rozgrzej patelnię i dodaj kolejne 2 łyżki oleju, aby usmażyć ziemniaki. Dodać tortillę i smażyć na dużym ogniu przez 15 sekund. Dodać sól i dusić przez 5 minut.

kłamstwa

Do tego przepisu można wykorzystać soki pozostałe z gulaszu lub ryżu.

PURRUSALDA

SKŁADNIKI

1 kg ziemniaków

200 g niesolonego dorsza

100 ml białego wina

3 średnie pory

1 duża cebula

PRZETWARZANIE

Dorsza gotuj w 1 l zimnej wody przez 5 minut. Wyjmij dorsza, posiekaj i usuń kości. Zarezerwuj wodę do gotowania.

Obierz cebulę i gotuj w garnku na małym ogniu przez około 20 minut. Por pokroić w lekko grube plasterki i dodać cebulę. Gotujemy jeszcze przez 10 minut.

Ziemniaki zetrzyj (zetrzyj, nie kroj) i dodaj do gulaszu, gdy pory się ugotują. Ziemniaki lekko podsmaż, wyłącz ogień i posyp białym winem. Niech się zmniejszy.

Gotowany dorsz myjemy we wrzącej wodzie, doprawiamy solą (powinien być trochę miękki) i gotujemy, aż ziemniaki będą miękkie. Dodaj dorsza i gotuj jeszcze przez 1 minutę. Dodać sól i pozostawić pod przykryciem na 5 minut.

kłamstwa

Zamień ten gulasz w śmietanę. Trzeba go tylko rozdrobnić i przefiltrować. On mieszkał

smażone ziemniaki

SKŁADNIKI

500 g ziemniaków

1 kieliszek białego wina

1 mała cebula

1 zielona papryka

Oliwa z oliwek

Sal

PRZETWARZANIE

Obierz ziemniaki i pokrój je w cienkie plasterki. Cebulę i paprykę pokroić w paski julienne. Wkładamy go do garnka. Dopraw solą i obficie skrop olejem. Mieszamy tak, żeby wszystko dobrze się nasyciło i przykrywamy folią aluminiową.

Piec w temperaturze 160°C przez 1 godzinę. Wyjmij, zdejmij papier i umyj kieliszkiem do wina.

Piec bez przykrycia w temperaturze 200 stopni przez kolejne 15 minut.

kłamstwa

Wino można zastąpić ½ szklanki wody, ½ szklanki octu i 2 łyżkami cukru.

Smażone grzyby

SKŁADNIKI

8 jaj

500 g grzybów oczyszczonych i pokrojonych w plasterki

100 g szynki serrano pokrojonej w kostkę

8 kromek chleba tostowego

2 ząbki czosnku

Oliwa z oliwek

PRZETWARZANIE

Czosnek pokroić w plasterki i lekko podsmażyć razem z pokrojonym w kostkę boczkiem, nie dodając koloru. Zwiększ ogień, dodaj oczyszczone i pokrojone w plasterki grzyby i smaż przez 2 minuty.

Dodać ubite jajko, cały czas ubijając, aż masa będzie lekko sztywna i pienista.

kłamstwa

Nie trzeba dodawać soli, bo daje szynkę serrano.

JAJKA WIEJSKIE Z SARDELAMI I OLIWKAMI

SKŁADNIKI

8 jaj

500 gramów pomidora

40 g bezczelnych czarnych oliwek

12 anchois

10 kaparów

3 ząbki czosnku

1 mała cebula

Oregano

cukier

Oliwa z oliwek

Sal

PRZETWARZANIE

Drobno posiekaj czosnek i cebulę. Smaż przez 10 minut na małym ogniu.

Obierz pomidory, usuń nasiona i pokrój je w małą kostkę. Dodać sos czosnkowo-cebulowy. Zwiększ ogień i gotuj, aż pomidory stracą całą wodę. Dostosuj sól i cukier.

Rozłóż pomidory w glinianym garnku. Dodać 2 roztrzepane jajka i zalać pozostałymi posiekanymi składnikami. Piec w temperaturze 180 stopni, aż białko będzie miękkie.

kłamstwa

Dodawanie cukru do przepisów na pomidory służy zrównoważeniu zapewnianej przez nie kwasowości.

KREM ZIEMNIAKA Z SZYNKĄ I PARMEZANEM

SKŁADNIKI

1 kg ziemniaków

250 g szynki

150 g sera parmezan

300 ml śmietanki

3 cebule

Gałka muszkatołowa

Oliwa z oliwek

sól pieprz

PRZETWARZANIE

W misce wymieszaj śmietanę z serem, solą, pieprzem i gałką muszkatołową.

Obierz ziemniaki i cebulę i pokrój je w cienkie plasterki. Dusić na patelni do miękkości. Odcedzić i doprawić.

Szynkę pokrojoną w paski podsmażamy osobno i wrzucamy na patelnię razem z ziemniakami.

Ziemniaki włożyć do miski, zalać śmietaną i piec w temperaturze 175°C, aż wierzch będzie chrupiący.

kłamstwa

Ten przepis można przygotować bez gotowania ziemniaków. Wystarczy piec w temperaturze 150 stopni przez 1 godzinę.

GOTOWANE JAJKA

SKŁADNIKI

8 jaj

Sal

PRZETWARZANIE

Jajka gotuj we wrzącej wodzie przez 11 minut.

Ochłodzić lodowatą wodą, następnie obrać.

kłamstwa

Aby ułatwić obieranie, do wrzącej wody należy dodać dużą ilość soli i obrać je od razu po ostygnięciu.

POMARSZCZONE ZIEMNIAKI

SKŁADNIKI

1 kg małych ziemniaków

500 g grubej soli

PRZETWARZANIE

Ziemniaki ugotuj w osolonej wodzie do miękkości. Powinny być całkowicie pokryte dodatkowym centymetrem wody. Odcedź ziemniaki.

Ziemniaki wrzucamy z powrotem do tego samego garnka (nie myjąc) i stawiamy na małym ogniu, lekko mieszając, aż będą suche. W takim przypadku na każdym ziemniaku tworzy się niewielka warstwa soli, a skórka jest pomarszczona.

kłamstwa

Stanowi doskonały dodatek do solonych ryb. Spróbuj z odrobiną pesto.

Jajecznica z grzybami, krabami i dzikim ptactwem

SKŁADNIKI

8 jaj

300 g świeżych grzybów

100 g krewetek

250 ml zupy

2 łyżki Pedro Ximénez

1 łyżka mąki

1 pęczek dzikich szparagów

Oliwa z oliwek

1 dl octu

sól pieprz

PRZETWARZANIE

Jajka zalać dużą ilością wrzącej wody z dużą ilością soli i octu. Wyłącz ogień, przykryj patelnię i odczekaj 3–4 minuty. Białko jaja należy ugotować, a żółtko rozdrobnić. Wyjąć, odcedzić i doprawić.

Szparagi oczyść i przekrój wzdłuż na pół. Smażymy je na patelni na dużym ogniu, solimy i odstawiamy. Smaż obrane i przyprawione krewetki w tym samym oleju na bardzo dużym ogniu przez 30 sekund. wycofanie

Smaż pokrojone w plasterki grzyby na tej samej patelni na dużym ogniu przez 1 minutę, dodaj mąkę i smaż przez kolejną minutę. Namocz go w Pedro Ximénez, aż zmięknie i wyschnie. Wlać solony bulion i doprowadzić do wrzenia.

Na talerzu wyłóż szparagi, krewetki i grzyby, dodaj jajka. Salsa z sosem Pedro Ximénez.

kłamstwa

Zagotuj płyn z 1 gałązką rozmarynu do połowy objętości.

ZIEMNIAKI Z CHORIZO I ZIELONYM PIEPRZEM

SKŁADNIKI

6 jaj

120 g posiekanego chorizo

4 ziemniaki

2 włoskie zielone papryki

2 ząbki czosnku

1 mała cebula

Oliwa z oliwek

sól pieprz

PRZETWARZANIE

Obierz ziemniaki, umyj je i pokrój w średnią kostkę. Dobrze spłucz, aż woda będzie czysta. Juliana z cebulą i papryką.

Ziemniaki smażymy na dużej ilości gorącego oleju, następnie dodajemy paprykę i cebulę, aż warzywa będą złociste i miękkie.

Odcedź ziemniaki, cebulę i czerwoną paprykę. Na patelni zostawiliśmy odrobinę oleju do podsmażenia posiekanego chorizo. Ziemniaki ponownie wymieszać z cebulą i papryką. Dodać ubite jajka i lekko wymieszać. Dodaj sól i pieprz.

kłamstwa

Chorizo możesz zastąpić kaszanką, chistorrą, a nawet kiełbasą.

STAN ZIEMNIAK

SKŁADNIKI

1 kg ziemniaków

3 ząbki czosnku

1 mała zielona papryka

1 mała czerwona papryka

1 mała cebula

świeża pietruszka

Oliwa z oliwek

4 łyżki octu

Sal

PRZETWARZANIE

Czosnek rozgnieść z natką pietruszki, octem i 4 łyżkami wody.

Ziemniaki obrać i pokroić na kawałki, jak na omlet. Smażymy na dużej ilości gorącego oleju, następnie dodajemy cebulę i paprykę pokrojoną w cienkie paseczki julienne. Kontynuuj gotowanie, aż uzyska jasnozłoty kolor.

Wyjmij i osusz ziemniaki, cebulę i paprykę. Dodaj zmiażdżony czosnek i ocet. Usuń i sól.

kłamstwa

Idealny dodatek do wszelkich mięs, zwłaszcza tłustych, takich jak jagnięcina i wieprzowina.

JAJKA SKRADZIONE BRANKOWI

SKŁADNIKI

8 jaj

125 g sera parmezan

30 g masła

30 g mąki

½ litra mleka

4 kromki chleba tostowego

Gałka muszkatołowa

ocet

sól pieprz

PRZETWARZANIE

Beszamel przygotowuje się przez prażenie mąki na maśle przez 5 minut na małym ogniu, dodanie mleka, nie przerywając mieszania, i gotowanie przez kolejne 5 minut. Doprawić do smaku solą, pieprzem i gałką muszkatołową.

Jajka zalać dużą ilością wrzącej wody z dużą ilością soli i octu. Wyłącz ogień, przykryj patelnię i odczekaj 3–4 minuty. Wyjąć i odsączyć.

Na grzance połóż jajko w koszulce i polej sosem beszamelowym. Posypujemy tartym parmezanem i pieczemy w piekarniku.

kłamstwa

Gdy woda się zagotuje, wymieszaj ją patykiem i od razu dodaj jajko. Dzięki temu uzyskamy idealnie zaokrąglony kształt.

ZIEMNIAKI Z ŻEBERKAMI

SKŁADNIKI

3 duże ziemniaki

1 kg marynowanych żeberek wieprzowych

4 łyżki sosu pomidorowego

2 ząbki czosnku

1 liść laurowy

1 zielona papryka

1 czerwona papryka

1 cebula

Oliwa z oliwek

Sal

PRZETWARZANIE

Żeberka przekrawamy na pół i smażymy na bardzo gorącej patelni. Wyjmij i zarezerwuj.

Na tym samym oleju podsmaż paprykę, czosnek i cebulę pokrojoną w średnie kawałki. Gdy warzywa będą miękkie dodajemy sos pomidorowy i ponownie dodajemy żeberka. Wymieszaj i zalej wodą. Dodaj liście laurowe i gotuj na małym ogniu, aż będą prawie miękkie.

Następnie dodaj frytki. Dodaj sól i gotuj, aż ziemniaki będą miękkie.

kłamstwa

Pęknięcie ziemniaka oznacza rozbicie go nożem bez całkowitego przecięcia. Dzięki temu skrobia zostanie uwolniona z ziemniaków, a płyn stanie się bogatszy i gęstszy.

PIĘKNE JAJKA

SKŁADNIKI

8 jaj

70 g masła

70 g mąki

Mąka, jajka i bułka tarta (do panierowania)

½ litra mleka

Gałka muszkatołowa

Oliwa z oliwek

sól pieprz

PRZETWARZANIE

Rozgrzewamy patelnię z oliwą, smażymy jajka, żółtka zostawiamy surowe lub w niewielkiej ilości. Wyjąć, posolić i odrzucić nadmiar oleju.

Beszamel powstaje poprzez smażenie mąki na roztopionym maśle przez 5 minut. Dodajemy mleko, ciągle mieszając i gotujemy na średnim ogniu przez 10 minut. Doprawić przyprawami i gałką muszkatołową.

Ostrożnie przykryj jajka beszamelem ze wszystkich stron. Pozostawić do ostygnięcia w lodówce.

Jajka ubić z mąką, roztrzepanym jajkiem i bułką tartą, następnie smażyć na dużej ilości gorącego oleju na złoty kolor.

kłamstwa

Im świeższe jajko, tym mniej rozpryskuje się podczas gotowania. Aby to zrobić, wyjmij je z lodówki na 15 minut przed gotowaniem.

ŚWIEŻE ZIEMNIAKI

SKŁADNIKI

750 g ziemniaków

25 g masła

1 łyżeczka posiekanej świeżej natki pietruszki

2 łyżki oliwy z oliwek

sól pieprz

PRZETWARZANIE

Obierz ziemniaki i uformuj kulki. Ugotuj je w garnku z zimną wodą i solą. Kiedy zagotują się po raz pierwszy, odczekaj 30 sekund i odcedź.

W rondelku roztapiamy masło z olejem. Dodaj odsączone i osuszone ziemniaki i gotuj na średnim ogniu, aż ziemniaki będą złocistobrązowe i miękkie w środku. Dodać sól, pieprz i natkę pietruszki.

kłamstwa

Można je także upiec w piekarniku w temperaturze 175 stopni, od czasu do czasu mieszając, aż będą miękkie i złociste.

ZŁAMANE JAJKO

SKŁADNIKI

8 jaj

Sal

ocet

PRZETWARZANIE

Jajka gotuj we wrzącej wodzie z dodatkiem soli i octu przez 5 minut. Wyjmij i natychmiast ostudź w lodowatej wodzie, a następnie ostrożnie obierz.

kłamstwa

Aby łatwo obrać jajka na twardo, dodaj do wody dużą ilość soli.

STYL RIOXANA z ziemniakami

SKŁADNIKI

2 duże ziemniaki

1 łyżka pasty z papryki chorizo lub ñora

2 ząbki czosnku

1 kiełbasa asturyjska

1 zielona papryka

1 liść laurowy

1 cebula

Papryka

4 łyżki oliwy z oliwek

Sal

PRZETWARZANIE

Na oliwie podsmażamy posiekany czosnek przez 2 minuty. Dodać posiekaną cebulę i paprykę i smażyć na średnim ogniu przez 25 minut (kolor powinien być karmelizowany). Dodać łyżeczkę papryki chorizo.

Dodać posiekane chorizo i gotować kolejne 5 minut. Dodać puree ziemniaczane i smażyć kolejne 10 minut, ciągle mieszając. Posyp solą do smaku.

Dodać paprykę i zalać wodą. Gotuj razem z liśćmi laurowymi, aż ziemniaki będą miękkie.

kłamstwa

Z reszty możemy zrobić krem. To wspaniała przystawka.

NURKOWANE ZIEMNIAKI

SKŁADNIKI

3 duże ziemniaki

1 kg czystych kalmarów

3 ząbki czosnku

1 puszka groszku

1 duża cebula

Tło połowów

świeża pietruszka

Oliwa z oliwek

Sal

PRZETWARZANIE

Cebulę, czosnek i pietruszkę pokroić na małe kawałki. Smażymy wszystko na patelni na średnim ogniu.

Gdy warzywa się usmażą, zwiększ ogień do maksimum i gotuj na parze mątwy pokrojone na średnie kawałki przez 5 minut. Wlać rybę (lub zimną wodę) i gotować, aż kalmary będą miękkie. Dodać sól, następnie dodać obrane i puree ziemniaczane oraz groszek.

Zmniejsz ogień i gotuj, aż ziemniaki będą gotowe. Dopraw solą i podawaj na gorąco.

kłamstwa

Bardzo ważne jest, aby kalmary gotować na parze na bardzo dużym ogniu, w przeciwnym razie będą twarde i niezbyt soczyste.

TORTINA KRABOWA Z CZOSNKIEM

SKŁADNIKI

8 jaj

350 g obranych krewetek

4 ząbki czosnku

1 cayenne

Oliwa z oliwek

Sal

PRZETWARZANIE

Czosnek posiekać i lekko podsmażyć z pieprzem cayenne. Dodać krewetki, doprawić solą i zdjąć z ognia. Odcedź krewetki, czosnek i czerwoną paprykę.

Dobrze rozgrzej patelnię z oliwą czosnkową. Ubij i wyreguluj jajka. Dodaj krewetki i czosnek i delikatnie wymieszaj, aby je pokryć.

kłamstwa

Aby tortilla nie przykleiła się do patelni, należy ją dobrze podgrzać przed dodaniem oleju.

ZIEMNIAKI NA PARZE Z IGŁAMI

SKŁADNIKI

1 kg ziemniaków

500 g dorsza bez soli

Zestaw 1 l

2 ząbki czosnku

1 zielona papryka

1 czerwona papryka

1 cebula

posiekana świeża pietruszka

Oliwa z oliwek

Sal

PRZETWARZANIE

Cebulę, czosnek i paprykę pokroić na małe kawałki. Smaż warzywa na małym ogniu przez 15 minut.

Dodaj puree ziemniaczane (starte, nie pokrojone) i gotuj przez kolejne 5 minut.

Posypać dymem na sól i gotować, aż ziemniaki będą prawie gotowe. Następnie dodaj dorsza i natkę pietruszki i gotuj przez 5 minut. Dopraw solą i podawaj na gorąco.

kłamstwa

Przed paleniem dodaj 1 kieliszek białego wina i odrobinę pieprzu cayenne.

Tłuczone ziemniaki

SKŁADNIKI

400 g ziemniaków

100 g masła

200 ml mleka

1 liść laurowy

Gałka muszkatołowa

sól pieprz

PRZETWARZANIE

Umyte i pokrojone w plasterki ziemniaki z liśćmi laurowymi gotujemy na średnim ogniu do miękkości. Odcedź ziemniaki i włóż je do tłuczka do ziemniaków.

Mleko zagotować z masłem, gałką muszkatołową, solą i pieprzem.

Ziemniaki zalać mlekiem i ubić kijem. Jeśli to konieczne, wymień to, czego brakuje.

kłamstwa

Dodać 100 g startego parmezanu i ubić batem. Rezultat jest pyszny.

TORTILLA ZROB Z MORCILLĄ

SKŁADNIKI

8 jaj

400 g fasoli

150 g kaszanki

1 ząbek czosnku

1 cebula

Oliwa z oliwek

Sal

PRZETWARZANIE

Fasolę gotujemy we wrzącej osolonej wodzie do miękkości. Odcedzić i schłodzić zimną wodą z lodem.

Cebulę i czosnek pokroić na małe kawałki. Razem z kaszanką gotujemy na ogniu 10 minut, uważając, aby jej nie rozbić. Dodaj fasolę i gotuj przez kolejne 2 minuty.

Ubij jajko i sól. Dodajemy fasolę i smażymy na bardzo gorącej patelni.

kłamstwa

Jeśli chcesz przygotować jeszcze bardziej efektowne danie, usuń skórkę z fasoli natychmiast po jej ostygnięciu. Będzie miał delikatniejszą strukturę.

Zarumienił się razem z nią

SKŁADNIKI

8 jaj

100 g kapusty czosnkowej

8 kromek chleba tostowego

8 dzikich szparagów

2 ząbki czosnku

Oliwa z oliwek

sól pieprz

PRZETWARZANIE

Kiełki czosnku i obrane szparagi pokroić na małe kawałki. Czosnek pokroić w plasterki i lekko podsmażyć razem z kiełkami czosnku i szparagami. Sezon

Dodać ubite jajko, cały czas mieszając, aż lekko zgęstnieje. Jajecznicę podaje się na kromkach tostów

kłamstwa

Jajka można również gotować w podwójnym bojlerze na średnim ogniu, ciągle mieszając. Będą miały kremową konsystencję.

ZIEMNIAKI Z NUSZKALĄ Z NUSZKALĄ

SKŁADNIKI

6 dużych ziemniaków

500 g kurków

1 płaska łyżeczka słodkiej papryki

1 ząbek czosnku

1 cebula

½ zielonej papryki

½ czerwonej papryki

ostra papryka

Zapas (wystarczający do pokrycia)

PRZETWARZANIE

Warzywa pokroić na małe kawałki i smażyć na małym ogniu przez 30 minut. Dodać puree ziemniaczane (utarte, nie pokrojone) i smażyć przez 5 minut. Dodać czyste, poćwiartowane i pozbawione łodyg kurki.

Smaż przez 3 minuty, następnie dodaj słodką paprykę i szczyptę pieprzu. Na wierzch wlewamy płyn i doprawiamy solą (powinno być lekko miękkie). Zagotuj i dodaj sól.

kłamstwa

Wyjmij kilka ziemniaków ugotowanych z odrobiną soku, zetrzyj je i ponownie zagotuj, aby zagęścić sos.

OMELETTA JORZASTA

SKŁADNIKI

8 jaj

400 g czystych borowików

150 g krewetek

3 ząbki czosnku

2 łyżki oliwy z oliwek

sól pieprz

PRZETWARZANIE

Czosnek pokroić na małe kawałki i podsmażyć trochę na patelni na średnim ogniu.

Biuletyn pokroić w kostkę, wyłączyć ogień i dodać na patelnię z czosnkiem. Gotuj przez 3 minuty. Dodać obrane i przyprawione krewetki i smażyć jeszcze 1 minutę.

Ubij jajka i dodaj sól. Dodaj borowiki i krewetki. Rozgrzewamy patelnię z 2 łyżkami oleju i smażymy tortillę z obu stron.

kłamstwa

Po wymieszaniu wszystkich składników dodajemy odrobinę gorącej oliwy truflowej. RADOŚĆ

CZĘŚCIOWE JAJKO

SKŁADNIKI

8 jaj

125 g sera parmezan

8 plasterków szynki Serrano

8 kromek chleba tostowego

Sos beszamelowy (patrz sos i sosy)

ocet

sól pieprz

PRZETWARZANIE

Jajka zalać dużą ilością wrzącej wody z dużą ilością soli i octu. Wyłącz ogień, przykryj patelnię i odczekaj 3–4 minuty. Wyjąć i ostudzić lodowatą wodą. Wyjmować łyżką cedzakową i układać na papierze kuchennym.

Szynkę serrano pokroić na 4 nóżki. Na wierzchu ułożyć jajka, polać sosem beszamelowym i posypać startym parmezanem. Grilluj, aż ser się roztopi.

kłamstwa

Można go przygotować z wędzoną szynką, a nawet z sobrasadą.

TORITA Z DYNI I POMIDORÓW

SKŁADNIKI

8 jaj

2 pomidory

1 cukinia

1 cebula

Oliwa z oliwek

Sal

PRZETWARZANIE

Cebulę pokroić w cienkie paski i smażyć na małym ogniu przez 10 minut.

Cukinie i pomidory pokroić w plasterki i podsmażyć na bardzo gorącej patelni. Gdy będą złociste, cukinię i pomidory pokroić w cienkie paski. Dodać cebulę i doprawić solą.

Wbij jajka i dodaj warzywa. Dostosuj sól. Dobrze rozgrzej patelnię i zwiń połowę tortilli tak, aby stykała się z całą powierzchnią patelni, a następnie zwiń ją samodzielnie.

kłamstwa

Spróbuj z pokrojonymi w kostkę bakłażanami i sosem beszamelowym.

AJOARRIERO COD

SKŁADNIKI

400 g zmiażdżonego dorsza bez soli

2 łyżki uwodnionej papryki chorizo

2 łyżki sosu pomidorowego

1 zielona papryka

1 czerwona papryka

1 ząbek czosnku

1 cebula

1 pieprz

Oliwa z oliwek

Sal

PRZETWARZANIE

Dodaj warzywa i gotuj na średnim ogniu, aż będą bardzo miękkie. do soli

Dodać łyżkę papryki chorizo, sosu pomidorowego i chili. Dodaj posiekanego dorsza i smaż przez 2 minuty.

kłamstwa

Idealne nadzienie do pysznej empanady.

ARGUMENT Z ARGUMENTEM Z OBJĘTOŚCIĄ

SKŁADNIKI

750 g ziaren

600 ml wina sherry

1 liść laurowy

1 ząbek czosnku

1 cytryna

2 łyżki oliwy z oliwek

Sal

PRZETWARZANIE

Opłucz kości.

Na rozgrzaną patelnię wlać 2 łyżki oliwy i lekko podsmażyć posiekany czosnek.

Natychmiast dodaj śliwki, wino, liść laurowy, cytrynę i sól. Przykryj i gotuj, aż się otworzą.

Podawać małże z sosem.

kłamstwa

Płukanie polega na zanurzeniu muszli w zimnej wodzie z dużą ilością soli, aby usunąć piasek i brud.

WSZYSTKO W RYBIE PIEPRZOWEJ Z KRABEM

SKŁADNIKI

Na łowisku

15 głów i korpusów krewetek

1 głowa lub 2 nogi diabelskiego ogona lub siei

Keczup

1 mała cebula

1 por

Sal

gotować

1 duży ogon diabła (lub 2 małe)

zwłoki krewetek

1 łyżka słodkiej papryki

8 ząbków czosnku

4 duże ziemniaki

3 kromki chleba

1 cayenne

nieobrane migdały

Oliwa z oliwek

sól pieprz

PRZETWARZANIE

Na łowisku

Zupę rybną przygotowujemy smażąc korpusy krewetek i sos pomidorowy. Dodaj nogi lub głowę mnicha i smażone warzywa. Zalać wodą i gotować 20 minut, odcedzić i dodać sól.

gotować

Na patelni podsmaż nie pokrojony czosnek. Odbierz i zarezerwuj. Na tym samym oleju podsmaż migdały. Odbierz i zarezerwuj.

Na tym samym oleju podsmaż chleb. wycofanie

W moździerzu utrzeć czosnek, garść całych niełuskanych migdałów, kromki chleba i pieprz cayenne.

Po usmażeniu czosnku na oleju lekko podsmażamy paprykę uważając, aby jej nie przypalić, po czym dodajemy do bulionu.

Dodać chipsy i smażyć do miękkości. Dodaj przyprawioną żabnicę i gotuj przez 3 minuty. Dodać miąższ i krewetki i smażyć kolejne 2 minuty, aż sos zgęstnieje. Dopraw solą i podawaj na gorąco.

kłamstwa

Użyj wystarczającej ilości dymu, aby przykryć ziemniaki. Najczęściej stosowaną rybą w tym przepisie jest węgorz, ale można go przygotować z dowolną mięsną rybą, taką jak halibut lub konger.

szycie rozdmuchowe

SKŁADNIKI

1 karp oczyszczony, oczyszczony i odkamieniony

25 g bułki tartej

2 ząbki czosnku

1 pieprz

ocet

Oliwa z oliwek

Sal

PRZETWARZANIE

Posolić i posmarować namiot wewnątrz i na zewnątrz. Posypujemy ciasto i pieczemy w temperaturze 180 stopni przez 25 minut.

W międzyczasie podsmaż na średnim ogniu filety czosnkowe i paprykę. Usuń kroplę octu z ognia i polej karpia tym sosem.

kłamstwa

Striptizowanie oznacza przycięcie ryby na szerokość, aby szybciej ją ugotować.

MAŁŻE MORSKIE

SKŁADNIKI

1 kg małży

1 mały kieliszek białego wina

1 łyżka mąki

2 ząbki czosnku

1 mały pomidor

1 cebula

½ pieprzu

Barwnik spożywczy lub szafran (opcjonalnie)

Oliwa z oliwek

Sal

PRZETWARZANIE

Małże namoczyć na kilka godzin w zimnej, bardzo osolonej wodzie, aby usunąć resztę ziemi.

Po oczyszczeniu małże gotuje się w winie i ¼ l wody. Po otwarciu wyjąć i zachować płyn.

Cebulę, czosnek i pomidory pokroić w drobną kostkę i podsmażyć na odrobinie oleju. Dodaj chili i gotuj, aż wszystko będzie miękkie.

Dodać łyżkę mąki i smażyć kolejne 2 minuty. Opłucz je wodą, w której ugotowałeś małże. Gotuj przez 10 minut, następnie dodaj sól. Dodać śliwki i smażyć kolejną minutę. Teraz dodaj kolor lub szafran.

kłamstwa

Wino białe można zastąpić winem słodkim. Sos jest bardzo dobry.

WIELKIE LITERY ZE STRZAŁKAMI

SKŁADNIKI

4 lub 5 niesolonych filetów z dorsza

4 ząbki czosnku

1 pieprz

½ litra oliwy z oliwek

PRZETWARZANIE

Na oliwie z oliwek podsmaż czosnek i paprykę na małym ogniu. Wyjmij je i poczekaj, aż olej trochę ostygnie.

Dodaj filet z dorsza skórą do góry i smaż na małym ogniu przez 1 minutę. Odwróć się i pozostaw na kolejne 3 minuty. Ważne jest, aby smażyć na oleju, a nie smażyć.

Wyjmij dorsza, stopniowo wlewaj olej, aż pozostanie tylko biała substancja (żelatyna) uwolniona przez dorsza.

Po opuszczeniu ognia mieszaj patyczkami lub okrężnymi ruchami przez filtr, mieszając stopniowo z zdekantowanym olejem.Zbieraj pigułkę przez 10 minut, nie przerywając mieszania.

Gdy będzie gotowy, włóż z powrotem dorsza i mieszaj przez kolejną minutę.

kłamstwa

Aby uzyskać inny efekt, dodaj udziec szynki lub zioła do oleju, na którym smażony jest dorsz.

FONTANNA PIWA

SKŁADNIKI

Czyste anchois bez kolców

1 bardzo zimne piwo

mąka

Oliwa z oliwek

Sal

PRZETWARZANIE

Do miski wlać piwo i dodać mąkę, cały czas mieszając trzepaczką, aż uzyskamy gęstą konsystencję, która w miarę wchłaniania anchois ledwo kapie.

Na koniec podsmażamy na dużej ilości oleju i soli.

kłamstwa

Można użyć dowolnego rodzaju piwa. Świetnie komponuje się z czernią.

Maluj na farbie

SKŁADNIKI

1 ½ kg małych kalmarów

1 kieliszek białego wina

3 łyżki sosu pomidorowego

4 torebki atramentu z kałamarnicy

2 cebule

1 czerwona papryka

1 zielona papryka

1 liść laurowy

Oliwa z oliwek

sól pieprz

PRZETWARZANIE

Na małym ogniu podsmaż cebulę i posiekaną paprykę. Gdy się usmażą, dodajemy oczyszczoną i drobno posiekaną kałamarnicę. Zwiększ ogień i dopraw.

Zwilż go białym winem i pozostaw ciepły. Dodaj sos pomidorowy, torebkę atramentu z kałamarnicy i liść laurowy. Przykryj i gotuj na wolnym ogniu, aż kalmary będą miękkie.

kłamstwa

Można podawać z dobrym makaronem, a nawet frytkami.

KOD KLUBU RANERO

SKŁADNIKI

Strzałka dorsza

10 dojrzałych pomidorów winogronowych

4 papryczki chorizo

2 zielone papryki

2 czerwone papryki

2 cebule

cukier

Sal

PRZETWARZANIE

Piecz pomidory i paprykę do miękkości w temperaturze 180 stopni.

Po upieczeniu papryki przykryć na 30 minut, zdjąć skórkę i pokroić w paski.

Obierz pomidory i pokrój je drobno. Gotujemy je z pokrojoną w cienkie paski cebulą i pastą chorizo (wcześniej namoczoną w gorącej wodzie przez 30 minut).

Dodajemy pokrojoną w paski pieczoną paprykę i smażymy 5 minut. Dostosuj sól i cukier.

Podgrzej pigułkę z dorszem i papryką.

kłamstwa

Można też zrobić chili z papryką lub jako bazę, na wierzchu dorsz, sos chili. Można go również przygotować z dobrym ratatouille.

DUŻO POMARAŃCZY

SKŁADNIKI

4 obcasy

110 g masła

110 ml bulionu

1 łyżka posiekanej świeżej natki pietruszki

1 łyżeczka papryki

2 duże pomarańcze

1 mała cytryna

mąka

sól pieprz

PRZETWARZANIE

Rozpuść masło na patelni. Przyprawianie mąki i soli. Smażymy z obu stron na maśle. Dodać paprykę, sok pomarańczowo-cytrynowy i wędzone mięso.

Gotuj przez 2 minuty na średnim ogniu, aż sos nieco zgęstnieje. Udekoruj natką pietruszki i natychmiast podawaj.

kłamstwa

Jeśli chcesz wycisnąć więcej soku z owoców cytrusowych, podgrzej je w kuchence mikrofalowej przez 10 sekund na dużej mocy.

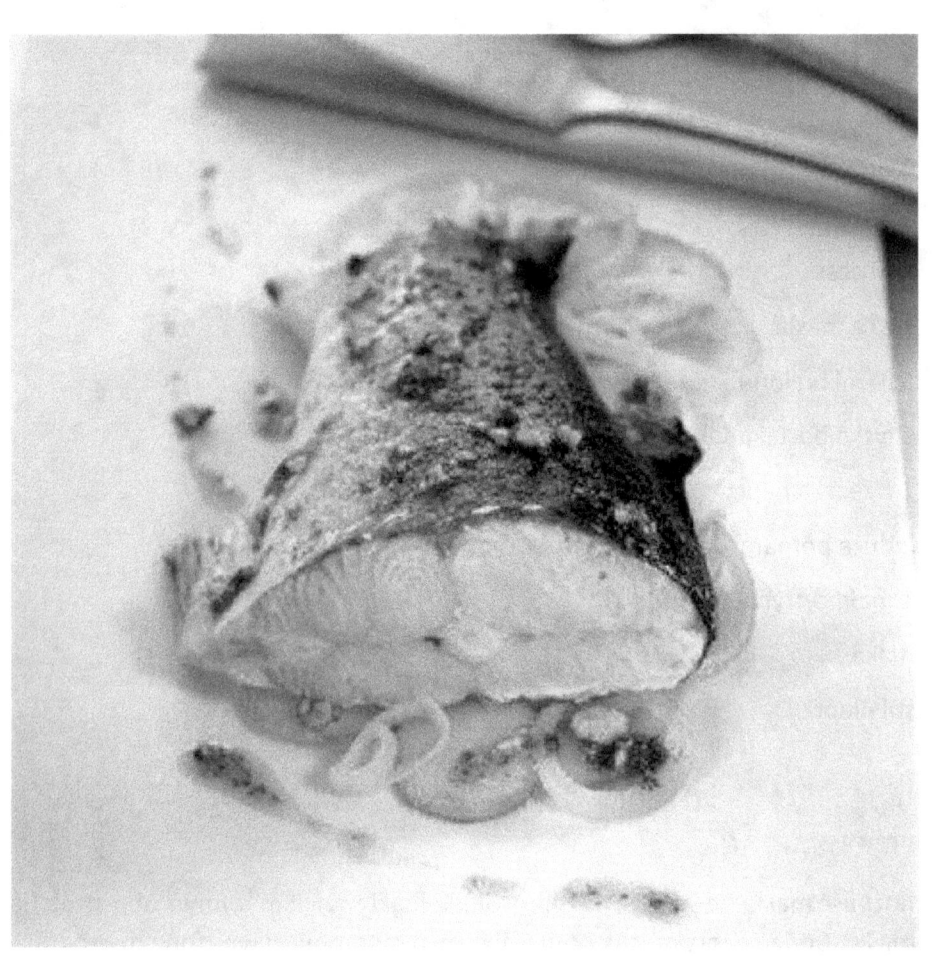

CUMUŁA RIOXANA

SKŁADNIKI

4 steki z polędwicy

100 ml białego wina

2 pomidory

1 czerwona papryka

1 zielona papryka

1 ząbek czosnku

1 cebula

cukier

Oliwa z oliwek

sól pieprz

PRZETWARZANIE

Cebulę, paprykę i czosnek pokroić na małe kawałki. Smaż wszystko na patelni na średnim ogniu przez 20 minut. Wyłącz ogień, zgłaśnij winem i pozostaw do wyschnięcia.

Dodaj pokrojone pomidory i gotuj, aż cała woda wyparuje. Dodaj sól, pieprz i cukier, jeśli jest kwaśny.

Smaż kotlety, aż będą złocistobrązowe na zewnątrz i soczyste w środku. Dodaj do warzyw.

kłamstwa

Posolić węgiel drzewny 15 minut przed gotowaniem, aby sól była równomiernie rozłożona.

VOLCO Z SOSEM TRUSKAWKOWYM

SKŁADNIKI

4 niesolone filety z dorsza

400 g brązowego cukru

200 g truskawek

2 ząbki czosnku

1 pomarańcza

mąka

Oliwa z oliwek

PRZETWARZANIE

Wymieszaj truskawki z sokiem pomarańczowym i cukrem. Gotuj przez 10 minut i wymieszaj.

Czosnek siekamy i podsmażamy na patelni z odrobiną oleju. Odbierz i zarezerwuj. Na tym samym oleju podsmażamy posypanego mąką dorsza.

Podawaj dorsza z sosem w osobnej misce i posyp czosnkiem.

kłamstwa

Marmoladę z gorzkich pomarańczy można zastąpić truskawkami. Wtedy będziesz potrzebować tylko 100 g brązowego cukru.

PISTRAN MARIÑO

SKŁADNIKI

4 pstrągi

½ litra białego wina

¼ litra octu

1 mała cebula

1 duża marchewka

2 ząbki czosnku

4 gwoździe

2 liście laurowe

1 gałązka tymianku

mąka

¼ litra oliwy z oliwek

Sal

PRZETWARZANIE

Posolić i mąką pstrąga. Smażyć z obu stron na oleju przez 2 minuty (powinno być surowe w środku). Odbierz i zarezerwuj.

Smażone warzywa gotuj na tym samym tłuszczu przez 10 minut.

Kąpiel w occie i winie. Dopraw do smaku odrobiną soli, ziół i przypraw. Gotuj przez kolejne 10 minut.

Dodać pstrąga, przykryć i gotować kolejne 5 minut. Zdjąć z ognia i podawać po ostygnięciu.

kłamstwa

Ten przepis najlepiej spożywać wieczorem. Reszta sprawia, że jest jeszcze smaczniejszy. Z resztek przygotuj pyszną sałatkę z pstrąga w puszkach.

Szycie w stylu BILBAINO

SKŁADNIKI

1 2 kg ziaren

½ litra białego wina

2 łyżki octu

6 ząbków czosnku

1 pieprz

2 dl oliwy z oliwek

Sal

PRZETWARZANIE

Pokrój ziarno, dodaj sól, dodaj odrobinę oleju i piecz w temperaturze 200°C przez 20-25 minut. Zmywaj stopniowo winem.

W międzyczasie na 2 dl oleju podsmażamy posiekany czosnek wraz z papryką. Namocz go w occie i polej nim kość morską.

kłamstwa

Rzeźbienie oznacza wykonywanie nacięć w rybie, aby ułatwić jej gotowanie.

KREWETKI CACACALE

SKŁADNIKI

250 g krewetek

3 ząbki czosnku, przekręcone

1 cytryna

1 pieprz

10 łyżek oliwy z oliwek

Sal

PRZETWARZANIE

Obrane krewetki włóż do miski, dodaj dużo soli i soku z cytryny. usunąć to

Na patelni podsmaż posiekany czosnek i chili. Zanim zmienią kolor, dodaj krewetki i smaż przez 1 minutę.

kłamstwa

Aby uzyskać dodatkowy smak, marynuj krewetki w soli i cytrynie przez 15 minut przed smażeniem.

SKRAPLACZ

SKŁADNIKI

100 g niesolonego dorsza w panierce

100 g szczypiorku

1 łyżka świeżej pietruszki

1 butelka zimnego piwa

PRZYGODY

mąka

Oliwa z oliwek

sól pieprz

PRZETWARZANIE

Do pojemnika włóż dorsza, drobno posiekaną cebulę i natkę pietruszki, piwo, odrobinę barwnika, sól i pieprz.

Mieszaj i dodawaj mąkę po łyżce na raz, ciągle mieszając, aż uzyskasz lekko gęste (nie ociekające) ciasto przypominające ciasto. Pozostawić do ostygnięcia na 20 minut.

Smażymy na dużej ilości oleju i nakładamy łyżką ciasta. Gdy będą złociste, wyjmij je i połóż na chłonnym papierze.

kłamstwa

Jeśli nie ma piwa, można to zrobić również wodą gazowaną.

ZŁOTY DORSZ

SKŁADNIKI

400 g niesolonego i pokruszonego dorsza

6 jaj

4 średnie ziemniaki

1 cebula

świeża pietruszka

Oliwa z oliwek

Sal

PRZETWARZANIE

Obierz ziemniaki i pokrój je w słomki. Dokładnie je umyj, aż woda będzie czysta, a następnie smaż na dużej ilości gorącego oleju. Posyp solą do smaku.

Podsmaż cebulę pokrojoną w julienne. Zwiększ ogień, dodaj pokruszonego dorsza i smaż, aż zniknie.

W osobnej misce ubić jajka, dodać dorsza, ziemniaki i cebulę. Lekko zamroź na patelni. Dopraw solą i na koniec posiekaną świeżą pietruszką.

kłamstwa

Aby było soczyste, powinno być lekko zwinięte. Ziemniaki solimy dopiero na końcu, żeby nie straciły świeżości.

RAK BASKERA

SKŁADNIKI

1 pająk

500 gramów pomidora

75 g szynki Serrano

50 g świeżego chleba (lub bułki tartej)

25 g masła

1 ½ szklanki brandy

1 łyżka natki pietruszki

1/8 cebuli

½ ząbka czosnku

sól pieprz

PRZETWARZANIE

Ugotuj kraba pajękowatego (1 minuta na 100 gramów) w 2 litrach wody ze 140 g soli. Ostudzić i wyjąć mięso.

Podsmaż posiekaną cebulę i czosnek razem z boczkiem pokrojonym w cienkie paseczki julienne. Dodaj pokrojone pomidory i posiekaną natkę pietruszki i gotuj, aż uzyskasz suchy miąższ.

Dodaj mięso kraba, zalej brandy i podpal. Dodaj połowę okruszków ognia i zatrzymaj pająka.

Posypać pozostałą bułką tartą i posmarować pokrojonym na kawałki masłem. Upiecz górę w piekarniku na złoty kolor.

kłamstwa

Można go również przygotować z dobrym chorizo iberyjskim, a nawet nadziewać wędzonym serem.

W occie

SKŁADNIKI

12 anchois

300 cl octu winnego

1 ząbek czosnku

posiekana pietruszka

Oliwa z oliwek z pierwszego tłoczenia

1 łyżeczka soli

PRZETWARZANIE

Połóż czyste anchois na płaskim talerzu razem z octem rozcieńczonym wodą i solą. Pozostawić w lodówce na 5 godzin.

W międzyczasie na oliwie podsmażamy drobno posiekany czosnek i pietruszkę.

Wyjmij anchois z octu, zalej oliwą i czosnkiem. Włóż ponownie do lodówki na kolejne 2 godziny.

kłamstwa

Umyj anchois kilka razy, aż woda będzie czysta.

MARKA IGŁY

SKŁADNIKI

¾ kg niesolonego dorsza

1 dl mleka

2 ząbki czosnku

3 dl oliwy z oliwek

Sal

PRZETWARZANIE

W małym rondlu na średnim ogniu rozgrzej oliwę z czosnkiem przez 5 minut. Dodaj dorsza i gotuj na bardzo małym ogniu przez kolejne 5 minut.

Podgrzej mleko i wlej je do szklanki do smoothie. Dodaj dorsza bez skóry i czosnek. Ubijaj, aż uzyskasz cienkie ciasto.

Nie przerywając ubijania, dodawaj olej, aż uzyskasz jednolitą masę. Doprawiamy solą i grillujemy w piekarniku na maksymalnej mocy.

kłamstwa

Można go jeść w chlebie i udekorować odrobiną aioli na wierzchu.

PROSZEK W ADOBO (BIENMESABE)

SKŁADNIKI

500 g czapek dla psów

1 szklanka octu

1 łyżka mielonego kminku

1 łyżka słodkiej papryki

1 łyżka oregano

4 liście laurowe

5 ząbków czosnku

mąka

Oliwa z oliwek

Sal

PRZETWARZANIE

Umieść wstępnie posiekanego psa w głębokim naczyniu i wyczyść go.

Dodaj solidną garść soli i łyżeczkę papryki, kminku i oregano.

Czosnek rozgniatamy ze skórką i wrzucamy do miski. Posiekaj liście laurowe i również je dodaj. Na koniec dodać szklankę octu i szklankę wody. Pozwól mu usiąść na noc.

Kawałki ryby suszy się, oprósza mąką i smaży.

kłamstwa

Jeśli kminek jest świeżo zmielony, dodaj tylko ¼ łyżeczki. Można to również zrobić z innymi rybami, takimi jak żabnica lub żabnica.

AGRULE I TUN ZAMKNIĘTE

SKŁADNIKI

800 g tuńczyka (lub świeżego bonito)

70 ml octu

140 ml wina

1 marchewka

1 por

1 ząbek czosnku

1 pomarańcza

½ cytryny

1 liść laurowy

70 ml oleju

Sól i pieprz

PRZETWARZANIE

Marchewkę, por i czosnek pokroić w krążki i podsmażyć na odrobinie oleju. Gdy warzywa zmiękną, zwilż je octem i winem.

Dodać liście laurowe i pieprz. Dodaj sól i gotuj kolejne 10 minut. Dodać skórkę i sok z owoców cytrusowych oraz tuńczyka pokrojonego na 4 kawałki. Gotuj przez kolejne 2 minuty i odstaw do wyrośnięcia, pod przykryciem z ognia.

kłamstwa

Wykonaj te same kroki, aby przygotować pyszną marynatę do kurczaka. Tuż przed dodaniem kurczaka do marynaty podsmaż kurczaka i piecz przez kolejne 15 minut.

krabowa kurtka przeciwdeszczowa

SKŁADNIKI

500 g krewetek

100 g mąki

½ dl zimnego piwa

PRZYGODY

Oliwa z oliwek

Sal

PRZETWARZANIE

Obierz krewetki, nie usuwając ogona.

W misce wymieszaj mąkę, odrobinę barwnika spożywczego i sól. Mieszamy stopniowo i nie przerywając gotowania.

Krewetki chwytamy za ogon, zanurzamy je w wcześniejszym cieście i smażymy na dużej ilości oleju. Wyjmujemy, gdy będzie złociste i kładziemy na chłonnym papierze.

kłamstwa

Do mąki można dodać 1 łyżeczkę curry lub papryki.

TUŃCZYK Z BAZYLIĄ

SKŁADNIKI

125 g Tuńczyka z puszki w oleju

½ litra mleka

4 jajka

1 kromka pokrojonego chleba

1 łyżka startego parmezanu

4 świeże liście bazylii

mąka

Oliwa z oliwek

sól pieprz

PRZETWARZANIE

Tuńczyka wymieszaj z mlekiem, jajkami, pokrojonym chlebem, parmezanem i bazylią. Dodaj sól i pieprz.

Ciasto wlać do osobnych foremek posypanych tłuszczem i mąką i piec w piekarniku nagrzanym na 170 stopni przez 30 minut.

kłamstwa

Ten przepis możesz również przygotować z małżami w puszkach lub sardynkami.

SOLE A LA MENIER

SKŁADNIKI

6 obcasów

250 g masła

50 g soku z cytryny

2 łyżki drobno posiekanej natki pietruszki

mąka

sól pieprz

PRZETWARZANIE

Wyreguluj i oprósz mąką podeszwę oczyszczoną z główki i skóry. Smażymy z obu stron na roztopionym maśle na średnim ogniu, uważając, aby nie spalić mąki.

Wyjmij rybę, dodaj sok z cytryny i pietruszkę na patelnię. Gotuj przez 3 minuty, nie przerywając mieszania. Rybę wyłożyć na talerz razem z sosem.

kłamstwa

Aby urozmaicić przepis, dodaj trochę kaparów.

BRĄZOWY ŁOSOŚ Z CAVA

SKŁADNIKI

2 filety z łososia

½ litra cavy

100ml kremu

1 marchewka

1 por

Oliwa z oliwek

sól pieprz

PRZETWARZANIE

Ułożyć i obsmażyć łososia z obu stron. zarezerwuj to

Marchewkę i por pokroić w cienkie i długie słupki. Smaż warzywa przez 2 minuty na tym samym oleju, co łosoś. Przykryj cavą i zredukuj o połowę.

Dodać śmietanę, smażyć 5 minut, następnie dodać łososia. Gotuj przez kolejne 3 minuty i dopraw solą i pieprzem.

kłamstwa

Łososia można gotować na parze przez 12 minut i podawać z tym sosem.

STYL HAVABASPIQUILTOS BILBAÍN

SKŁADNIKI

4 okonie morskie

1 łyżka octu

4 ząbki czosnku

Pieprz Piquillo

125 ml oliwy z oliwek

sól pieprz

PRZETWARZANIE

Usuń tył okonia morskiego. Dopraw je solą i smaż na patelni na dużym ogniu, aż będą złociste na zewnątrz i soczyste w środku. Wyjmij i zarezerwuj.

Czosnek posiekaj i podsmaż na tym samym oleju co rybę. Zwilż go octem.

Na tej samej patelni podsmaż paprykę.

Na wierzchu ułóż filet z okonia morskiego z sosem i dodaj paprykę.

kłamstwa

Sos Bilbao można przygotować wcześniej; następnie po prostu podgrzej i podawaj.

MAŁŻE W WINAGRECIE

SKŁADNIKI

1 kg małży

1 mały kieliszek białego wina

2 łyżki octu

1 mała zielona papryka

1 duży pomidor

1 mała cebula

1 liść laurowy

6 łyżek oliwy z oliwek

Sal

PRZETWARZANIE

Dokładnie wyczyść muszle nowym środkiem czyszczącym.

Włóż małże do miski z winem i liśćmi laurowymi. Przykryj i gotuj na dużym ogniu, aż się otworzą. Zarezerwuj i odrzuć jedną muszlę.

Zrób winegret, krojąc pomidory, cebulę i paprykę. Dostosuj je za pomocą octu, oleju i soli. Wymieszaj i polej skórki.

kłamstwa

Pozostaw na noc, aby poprawić smak.

MARMITAKO

SKŁADNIKI

300 g tuńczyka (lub bonito)

1 l soku rybnego

1 łyżka papryki chorizo

3 duże ziemniaki

1 duża czerwona papryka

1 duża zielona papryka

1 cebula

Oliwa z oliwek

sól pieprz

PRZETWARZANIE

Podsmaż cebulę i posiekaną paprykę. Dodać łyżkę papryki chorizo oraz obrane i pokrojone w plasterki ziemniaki. Mieszaj przez 5 minut.

Zwilżyć sokiem rybnym, a gdy zacznie wrzeć, dodać sól i pieprz. Gotuj na małym ogniu, aż ziemniaki będą złocistobrązowe.

Wyłącz ogień i dodaj pokrojonego w kostkę i przyprawionego tuńczyka. Przed podaniem odstaw na 10 minut.

kłamstwa

Tuńczyka można zastąpić łososiem. Wynik jest zaskakujący.

ILOŚCI SOLI MORSKIEJ

SKŁADNIKI

1 okoń morski

600 g grubej soli

PRZETWARZANIE

Wyjmij i oczyść rybę. Na talerz połóż warstwę soli, na wierzch połóż okonia morskiego i przykryj resztą soli.

Piec w temperaturze 220 stopni, aż sól stwardnieje i pęknie. Jest to około 7 minut na 100 g ryby.

kłamstwa

Ryby nie należy gotować w soli, zanim nie pokryją się łuskami, ponieważ łuski chronią mięso przed wysokimi temperaturami. Sól można aromatyzować ziołami lub dodatkiem białek jaj.

HIT PAROWY

SKŁADNIKI

1 kg małży

1 dl białego wina

1 liść laurowy

PRZETWARZANIE

Dokładnie wyczyść muszle nowym środkiem czyszczącym.

Na rozgrzaną patelnię włóż małże, wino i liście laurowe. Przykryj i gotuj na dużym ogniu, aż się otworzą. Wyrzuć nieotwarte.

kłamstwa

To bardzo popularne danie w Belgii, podawane w towarzystwie dobrych frytek.

HEKE W GALICJI

SKŁADNIKI

4 plasterki ryby

600 g ziemniaków

1 łyżeczka papryki

3 ząbki czosnku

1 średnia cebula

1 liść laurowy

6 łyżek oliwy z oliwek z pierwszego tłoczenia

sól pieprz

PRZETWARZANIE

Podgrzej wodę w garnku; dodać pokrojone w plasterki ziemniaki, cebulę, sól i liść laurowy. Gotuj przez 15 minut, aż będzie miękki.

Dodaj przyprawione plastry dorsza i smaż przez kolejne 3 minuty. Odcedź ziemniaki i węgiel drzewny i umieść je wszystkie w glinianym garnku.

Podsmaż posiekany lub posiekany czosnek na patelni; gdy staną się złociste, zdejmij je z ognia. Dodać paprykę, wymieszać i polać sosem rybę. Podawać szybko z odrobiną wrzącej wody.

kłamstwa

Ważne jest, aby ilość wody pokrywała jedynie plastry ryby i ziemniaki.

HACZYK DO KOSZYKÓWKI

SKŁADNIKI

Cięcie 1kg

100 g ugotowanego groszku

100 g cebuli

100 g małży

100 g krewetek

1 dl soku rybnego

2 łyżki natki pietruszki

2 ząbki czosnku

8 włóczni szparagów

2 jajka na twardo

mąka

sól pieprz

PRZETWARZANIE

Halibuta pokroić w plasterki lub filety. Przyprawy i mąka.

Na patelni podsmaż drobno posiekaną cebulę i czosnek, aż będą miękkie. Zwiększ ogień, dodaj rybę i lekko smaż z obu stron.

Przykryj tytoniem i gotuj przez 4 minuty, ciągle mieszając, aby sos zagęścił. Dodać obrane krewetki, szparagi, czyste małże, groszek i pokrojone w ćwiartki jajka. Gotuj jeszcze przez 1 minutę i posyp posiekaną natką pietruszki.

kłamstwa

Posolić węgiel drzewny 20 minut przed gotowaniem, aby sól była równomiernie rozłożona.

NOŻE Z CZOSNKIEM I CYTRYNĄ

SKŁADNIKI

2 tuziny noży

2 ząbki czosnku

2 gałązki pietruszki

1 cytryna

Oliwa z oliwek z pierwszego tłoczenia

Sal

PRZETWARZANIE

Umieść żyletki w misce z zimną wodą i posol je poprzedniego wieczoru, aby usunąć pozostały piasek.

Odcedź je, włóż do garnka, przykryj i podgrzewaj na średnim ogniu, aż się otworzą.

W międzyczasie posiekaj gałązki czosnku i pietruszki i wymieszaj je z sokiem z cytryny i oliwą z oliwek. Dopraw brzytwy tym sosem.

kłamstwa

Świetnie smakują z sosem holenderskim lub béarnaise (s. 532-517).

ŁATWY PUDDING

SKŁADNIKI

500 g bezgłowej ryby skorpiona

125 ml sosu pomidorowego

¼ l śmietany

6 jaj

1 marchewka

1 por

1 cebula

Zabijanie chleba

Oliwa z oliwek

sól pieprz

PRZETWARZANIE

Gotuj skorpiona przez 8 minut razem z czystymi i drobno posiekanymi warzywami. do soli

Zmiel mięso skorpiona (bez skóry i kości). Włóż je do miski z jajkami, śmietaną i sosem pomidorowym. Mieszamy i doprawiamy solą i pieprzem.

Formę natłuszczamy i posypujemy bułką tartą. Wypełnij wcześniejszym ciastem i piecz w bemarze w temperaturze 175 stopni przez 50 minut lub do momentu, aż wykałaczka będzie sucha. Podawać na zimno lub na ciepło.

kłamstwa

Skorpiona możesz zastąpić dowolną inną rybą

RYBA Z MIĘKKIM KREMEM CZOSNKOWYM

SKŁADNIKI

4 małe diabelskie ogony

50 g czarnych oliwek

400 ml śmietanki

12 ząbków czosnku

sól pieprz

PRZETWARZANIE

Zagotuj czosnek w zimnej wodzie. Gdy zaczną wrzeć, wyjmujemy je i zalewamy wodą. Powtórz tę samą czynność 3 razy.

Następnie smaż czosnek w śmietanie na małym ogniu przez 30 minut.

Oliwki suszone w kuchence mikrofalowej, bez pestek. Włóż je do moździerza i ugniataj, aż uzyskasz proszek z oliwek.

Dopraw i ugotuj diabelską rybę na dużym ogniu, aż będzie soczysta na zewnątrz i złocistobrązowa w środku.

Ciesz się sosem. Podawaj żabnicę z jednej strony, posypaną sosem i oliwą w proszku.

kłamstwa

Smak tego sosu jest łagodny i pyszny. Jeżeli jest zbyt rzadkie, gotuj jeszcze kilka minut. Jeśli natomiast jest zbyt gęste, dodajemy odrobinę ciepłej płynnej śmietanki i mieszamy.

CUMBLES W CYDRZE Z KOMPOTEM JABŁKOWYM W MIĘCIE

SKŁADNIKI

4 dorsz

1 butelka cydru

4 łyżki cukru

8 liści mięty

4 jabłka

1 cytryna

mąka

Oliwa z oliwek

sól pieprz

PRZETWARZANIE

Odcedzamy je z dorsza i mąki i smażymy na odrobinie gorącego oleju. Wyjmij go i połóż na tacy.

Jabłko obieramy, drobno siekamy i dodajemy na patelnię. Myje się go cydrem i gotuje przez 15 minut w temperaturze 165°C.

Wyjmij jabłka i sos. Wymieszać z cukrem i listkami mięty.

Podawaj rybę z kompotem.

kłamstwa

Inna wersja tego samego przepisu. Oprósz mąką i podsmaż żar, następnie włóż do rondla z jabłkami i cydrem. Dusić przez 6 minut. Usuń węgiel i poczekaj, aż sos się zredukuje. Następnie miesza się go z miętą i cukrem.

Marynowany łosoś

SKŁADNIKI

1 kg filetu z łososia

500 g cukru

4 łyżki posiekanego koperku

500 g grubej soli

Oliwa z oliwek

PRZETWARZANIE

W misce wymieszaj sól z cukrem i koperkiem. Połowę ułożyć na dnie blachy. Dodać łososia i przykryć drugą połową mieszanki.

Pozostawić w lodówce na 12 godzin. Wyjmij i spłucz zimną wodą. Filetujemy i smarujemy olejem.

kłamstwa

Możesz doprawić sól dowolnym ziołem lub przyprawą (imbir, goździki, curry itp.)

SER PISTÁN BLUE

SKŁADNIKI

4 pstrągi

75 g sera pleśniowego

75 g masła

Krem w płynie 40 cl

1 mały kieliszek białego wina

mąka

Oliwa z oliwek

sól pieprz

PRZETWARZANIE

Na patelni rozgrzej masło z kroplą oleju. Smażymy pstrąga oprószonego mąką i solą po 5 minut z obu stron. zarezerwuj to

Na tłuszcz pozostały po smażeniu wlewamy wino i ser. Gotuj, aż wino prawie się wyczerpie, a ser całkowicie się rozpuści.

Dodać śmietanę i gotować do uzyskania pożądanej konsystencji. Dodaj sól i pieprz. Pstrąg z sosem.

kłamstwa

Przygotuj słodko-kwaśny dip z sera pleśniowego i zastąp śmietanę świeżym sokiem pomarańczowym.

TUNATAKI NA PARZE W SOJI

SKŁADNIKI

1 filet z tuńczyka (lub łososia).

1 szklanka soi

1 szklanka octu

2 łyżki cukru

Skórka małej pomarańczy

czosnek

prażony sezam

ożywić

PRZETWARZANIE

Tuńczyka dokładnie oczyść i pokrój na kawałki. Na bardzo gorącej patelni lekko zrumienić ze wszystkich stron i natychmiast ostudzić w lodowatej wodzie, aby zatrzymać gotowanie.

W misce wymieszaj soję, ocet, cukier, skórkę pomarańczową, imbir i czosnek. Dodaj rybę i marynuj przez co najmniej 3 godziny.

Posyp sezamem, pokrój w małe plasterki i podawaj.

kłamstwa

Ten przepis należy przygotować wcześniej z mrożonych ryb, aby uniknąć anisaki.

CIASTO Z POWROTEM

SKŁADNIKI

Cięcie 1kg

1 litr śmietanki

1 duża cebula

1 kieliszek brandy

8 jaj

Pieczone pomidory

Oliwa z oliwek

sól pieprz

PRZETWARZANIE

Cebulę pokroić w paski julienne i podsmażyć na patelni. Dodaj proszek węglowy, gdy będzie miękki. Gotuj, aż będzie rumiane i kruche.

Następnie zwiększamy ogień, wlewamy brandy, studzimy i dodajemy trochę pomidorów.

Zdejmij z ognia i dodaj jajka oraz śmietanę. Spodziewaj się wszystkiego. Dostosuj je według smaku i kształtu. Piec w piekarniku nagrzanym na 165 stopni przez co najmniej 1 godzinę lub do momentu, aż wykałaczka będzie sucha.

kłamstwa

Podawać z sosem różowym lub tatarskim. Można zrobić z dowolną białą rybą bez kości.

KAPITALNA PIEPRZKA NADZIEWANA

SKŁADNIKI

250 g niesolonego dorsza

100 g krewetek

2 łyżki pieczonych pomidorów

2 łyżki masła

2 łyżki mąki

1 puszka papryczek piquillo

2 ząbki czosnku

1 cebula

Brandy

Oliwa z oliwek

sól pieprz

PRZETWARZANIE

Dorsza zalać wodą i gotować 5 minut. Odcedź i zachowaj wodę z gotowania.

Podsmaż cebulę i posiekany czosnek. Obierz krewetki i dodaj skorupki do cebuli. Dobrze smaż. Zwiększ ogień, dodaj odrobinę brandy i pieczone pomidory. Dorsza umyj wrzącą wodą i gotuj przez 25 minut. Mieszaj i filtruj.

Podsmaż pokrojone krewetki i odłóż na bok.

Na maśle podsmażamy przez około 5 minut mąkę, dodajemy przecedzony płyn i smażymy kolejne 10 minut, mieszając trzepaczką.

Dodaj posiekanego dorsza i krewetki gotowane na parze. Doprawić solą i pieprzem i ostudzić.

Napełnij paprykę wcześniejszym ciastem i podawaj.

kłamstwa

Idealnym sosem do tej papryki jest Biscayne (patrz soki i sosy).

Belka

SKŁADNIKI

1 kg całych kalmarów

150 g mąki pszennej

50 gramów mąki z ciecierzycy

Oliwa z oliwek

Sal

PRZETWARZANIE

Dokładnie oczyść kalmary, usuń zewnętrzną skórę i dokładnie wyczyść wnętrze. Kroimy je w cienkie paski wzdłuż, a nie w poprzek. do soli

Wymieszaj mąkę pszenną i z ciecierzycy, następnie posyp mąką kalmary tą mieszanką.

Dobrze rozgrzej olej i smaż krążki mątwy stopniowo, aż staną się złociste. Natychmiast podawaj.

kłamstwa

Wyjmij kalmary 15 minut wcześniej i usmaż je na bardzo gorącym oleju.

ŻOŁNIERZE PAWII

SKŁADNIKI

500 g dorsza bez soli

1 łyżka oregano

1 łyżka mielonego kminku

1 łyżka barwnika spożywczego

1 łyżka papryki

1 szklanka octu

2 ząbki czosnku

1 liść laurowy

mąka

gorący olej

Sal

PRZETWARZANIE

W pojemniku wymieszaj oregano, kminek, czerwoną paprykę, rozgnieciony czosnek, ocet i kolejną szklankę wody i dopraw odrobiną soli. Niesolonego dorsza pokrojonego w paski wkładamy do marynaty na 24 godziny.

Wymieszaj barwnik spożywczy i mąkę. Paski dorsza obtaczamy w mące, odcedzamy i smażymy na dużej ilości gorącego oleju.

kłamstwa

Podawać od razu, aby w środku było soczyste, a na zewnątrz chrupiące.

Rachel

SKŁADNIKI

125 g surowych krewetek

75 g mąki pszennej

50 gramów mąki z ciecierzycy

5 nitek szafranu (lub atramentu)

¼ dymki

świeża pietruszka

Oliwa z oliwek z pierwszego tłoczenia

Sal

PRZETWARZANIE

Szafran zawiń w folię aluminiową i piecz w piekarniku przez kilka sekund.

W misce wymieszaj mąkę, sól, szafran w proszku, posiekaną cebulę, posiekaną natkę pietruszki, 125 ml bardzo zimnej wody i krewetki.

Smażyć łyżką rozwałkowane ciasto na dużej ilości oleju. Dajemy im odpocząć, aż nabiorą złotego koloru.

kłamstwa

Ciasto mieszamy łyżką, aż uzyska konsystencję przypominającą jogurt.

PSTRĄG DLA NAWARRY

SKŁADNIKI

4 pstrągi

8 plasterków szynki Serrano

mąka

Oliwa z oliwek

Sal

PRZETWARZANIE

Do każdego oczyszczonego i oczyszczonego pstrąga dodać po 2 plasterki szynki serrano. Dostosuj je mąką i solą.

Smażymy na dużej ilości oleju, a nadmiar tłuszczu odsączamy na chłonnym papierze.

kłamstwa

Temperatura oleju powinna być umiarkowanie wysoka, aby nie przypaliła się tylko z zewnątrz i aby ciepło nie docierało do środka ryby.

TATARA ŁOSOSIOWA Z AWOKADO

SKŁADNIKI

500 g łososia bez kości i skóry

6 kaparów

4 pomidory

3 ogórki kiszone

2 awokado

1 mała cebula

Sok z 2 cytryn

sos Tabasco

Oliwa z oliwek

Sal

PRZETWARZANIE

Obierz i posiekaj pomidory. Odcedź awokado. Wszystkie składniki posiekać możliwie najdrobniej i wymieszać w misce.

Dopraw sokiem z cytryny, kilkoma kroplami Tabasco, oliwą z oliwek i solą.

kłamstwa

Można go przygotować z wędzonego łososia lub innej podobnej ryby, np. pstrąga.

Przegrzebek galicyjski

SKŁADNIKI

8 muszli

125 g cebuli

125 g szynki serrano

80 g bułki tartej

1 łyżka świeżej pietruszki

½ łyżeczki słodkiej papryki

1 jajko na twardo, posiekane

PRZETWARZANIE

Cebulę pokroić na małe kawałki i gotować w niskiej temperaturze przez 10 minut. Dodać pokrojoną w kostkę szynkę i smażyć kolejne 2 minuty. Dodaj paprykę i smaż przez kolejne 10 sekund. Wyjmij i pozwól mu ostygnąć.

Gdy ostygnie, przełóż je do miski, dodaj bułkę tartą, posiekaną natkę pietruszki i jajko. Mieszać.

Napełnij przegrzebki powyższą mieszanką, połóż je na talerzu i piecz w temperaturze 170 stopni przez 15 minut.

kłamstwa

Aby zaoszczędzić czas, przygotuj je wcześniej i upiecz w dniu, w którym ich potrzebujesz. Można go przygotować z przegrzebkami, a nawet ostrygami.

KURCZAK W SOSIE PIECZARKOWYM

SKŁADNIKI

1 kurczak

350 g grzybów

½ litra bulionu z kurczaka

1 kieliszek białego wina

1 gałązka tymianku

1 gałązka rozmarynu

1 liść laurowy

2 pomidory

1 zielona papryka

1 ząbek czosnku

1 cebula

1 cayenne

Oliwa z oliwek

sól pieprz

PRZETWARZANIE

Pierś kurczaka kroi się na kawałki, aromatyzuje i smaży na dużym ogniu. Odbierz i zarezerwuj. Na tym samym oleju podsmaż cebulę, czerwoną paprykę, paprykę i drobno posiekany czosnek na małym ogniu przez 5 minut. Zwiększ ogień i dodaj pokrojone pomidory. Gotuj, aż z pomidorów wyparuje cała woda.

Dodaj kurczaka z powrotem i zdeglasuj winem, aż sos będzie prawie suchy. Namoczyć w bulionie i dodać aromatyczne zioła. Gotuj przez około 25 minut lub do momentu, aż kurczak będzie miękki.

Na rozgrzanej patelni z odrobiną oleju smaż pokrojone w plasterki grzyby, posypane solą, przez 2 minuty. Dodaj kurczaka do garnka i smaż przez kolejne 2 minuty. W razie potrzeby dopraw solą.

kłamstwa

Wynik jest równie dobry, jeśli jest wykonany ze skórką.

PRZEZ MĘŻA W ĘBLESAUD

SKŁADNIKI

1 kurczak

2 szklanki octu

4 szklanki cydru

2 ząbki czosnku

2 marchewki

1 liść laurowy

1 por

2 szklanki oleju

Sól i pieprz

PRZETWARZANIE

Kurczaka pokroić na kawałki, doprawić i podsmażyć na patelni. Wyjmij i zarezerwuj. Na tym samym oleju podsmaż marchewkę i por oraz pokrojone w krążki ząbki czosnku. Gdy warzywa zmiękną, dodać bulion.

Dodać liść laurowy i pieprz, sól i gotować kolejne 5 minut. Dodaj kurczaka i gotuj przez kolejne 12 minut. Przykryj i zdejmij z ognia.

kłamstwa

Zamknięte w lodówce, wytrzyma kilka dni. Marynowanie to sposób konserwowania żywności.

NUSCALE Z KURCZAKA NA PARZE

SKŁADNIKI

1 duży kurczak

150 g kurków

1 kieliszek brandy

1 gałązka tymianku

1 gałązka rozmarynu

2 pokrojone pomidory

2 ząbki czosnku

1 zielona papryka

1 czerwona papryka

1 marchewka

1 cebula

Rosół

mąka

Oliwa z oliwek

sól pieprz

PRZETWARZANIE

Kurczaka pokrojonego na kawałki układamy z mąką. Smażymy na dużym ogniu na niewielkiej ilości oleju, wyjmujemy i odstawiamy.

Na tym samym oleju smażymy pokrojoną w kawałki marchewkę, cebulę, czosnek i paprykę przez 20 minut.

Zwiększ ogień i dodaj pokrojone pomidory. Gotuj, aż z pomidorów wyparuje prawie cała woda. Dodać czyste i drobno posiekane kurki. Gotuj przez 3 minuty na dużym ogniu, zalej brandy i zagotuj.

Włóż kurczaka z powrotem i wylej płyn. Dodaj aromatyczne zioła i gotuj przez kolejne 25 minut.

kłamstwa

Do tego dania można dodać dowolne grzyby sezonowe.

FILET Z KURCZAKA MADRLEŃA

SKŁADNIKI

8 filetów z kurczaka

3 ząbki czosnku

2 łyżki świeżej pietruszki

1 łyżeczka mielonego kminku

Mąka, jajka i bułka tarta (do panierowania)

Oliwa z oliwek

sól pieprz

PRZETWARZANIE

Wymieszaj posiekaną natkę pietruszki i czosnek z bułką tartą i kminkiem.

Filety ułożyć i obtoczyć w mące, roztrzepanym jajku i wcześniejszej mieszance.

Dociskamy rękami, aby chleb był dobry. Smażymy na dużej ilości gorącego oleju na złoty kolor.

kłamstwa

Może być zapiekane z kilkoma plasterkami mozzarelli i pomidorami Concassian (patrz soki i sosy) na wierzchu.

GRUBY KURCZAK WHISKY

SKŁADNIKI

12 udek z kurczaka

200 ml śmietanki

150 ml whisky

100 ml bulionu z kurczaka

3 żółtka

1 mała cebula

mąka

Oliwa z oliwek

sól pieprz

PRZETWARZANIE

Posyp mąką i usmaż udka z kurczaka. Odbierz i zarezerwuj.

Smaż drobno posiekaną cebulę na tym samym oleju przez 5 minut. Dodaj whisky i podpal ogień (korek należy zdjąć). Wlać śmietanę i bulion. Dodaj ponownie kurczaka i gotuj przez 20 minut.

Zdjąć z ognia, dodać śliwki i lekko wymieszać, aby sos lekko zagęścił. W razie potrzeby doprawić solą i pieprzem.

kłamstwa

Whisky możemy zastąpić napojem alkoholowym, który najbardziej nam odpowiada.

PIECZONA KACZKA

SKŁADNIKI

1 czysta kaczka

1 litr bulionu z kurczaka

4 dl sosu sojowego

3 łyżki miodu

2 ząbki czosnku

1 mała cebula

1 cayenne

świeży imbir

Oliwa z oliwek

sól pieprz

PRZETWARZANIE

W misce wymieszaj bulion z kurczaka, soję, przeciśnięty przez praskę czosnek, pieprz cayenne i drobno posiekaną cebulę, miód, kawałek imbiru i posiekaną paprykę. Marynuj kaczkę w tej mieszance przez 1 godzinę.

Wyjąć z marynaty i umieścić w naczyniu do pieczenia z połową płynu z marynaty. Smażymy w temperaturze 200 stopni przez 10 minut z obu stron. Zawsze mokrym pędzlem.

Zmniejsz temperaturę piekarnika do 180°C i piecz z każdej strony przez kolejne 18 minut (szczotkuj co 5 minut).

Wyjąć kaczkę i pozostawić sos w rondlu ustawionym na średnim ogniu.

kłamstwa

Najpierw upiecz ptaki do góry nogami, dzięki czemu będą mniej suche i bardziej soczyste.

Pierś z kurczaka VILLAROY

SKŁADNIKI

1 kg piersi z kurczaka

2 marchewki

2 łodygi selera

1 cebula

1 por

1 rzepa

Mąka, jajka i bułka tarta (do panierowania)

Do beszamelu

1 litr mleka

100 g masła

100 g mąki

Mysz orzechowa

sól pieprz

PRZETWARZANIE

Wszystkie czyste warzywa gotuj w 2 litrach (zimnej) wody przez 45 minut.

W międzyczasie przygotuj beszamel, opiekając mąkę na maśle na średnim ogniu przez 5 minut. Następnie dodać mleko i wymieszać. Posmakuj i dodaj gałkę muszkatołową. Gotuj przez 10 minut na małym ogniu, ciągle mieszając.

Odcedź płyn i gotuj piersi (w całości lub filety) przez 15 minut. Wyjmij i pozwól mu ostygnąć. Piersi dobrze posmaruj sosem beszamelowym i włóż do lodówki. Gdy wystygnie obsypujemy mąką, następnie jajkiem i na koniec bułką tartą. Smażyć na dużej ilości oleju i podawać gorące.

kłamstwa

Z sosu i kruszonych warzyw można zrobić fantastyczny krem.

KURCZAK W SOSIE O NISKIM SYGNALE

SKŁADNIKI

4 piersi z kurczaka

250 ml śmietanki

3 łyżki brandy

3 łyżki musztardy

1 łyżka mąki

2 ząbki czosnku

1 cytryna

½ dymki

Oliwa z oliwek

sól pieprz

PRZETWARZANIE

Wrzucamy i smażymy na odrobinie oleju pokrojone w normalne kawałki piersi. zarezerwuj to

Na tym samym oleju podsmaż drobno posiekaną cebulę i czosnek. Dodaj mąkę i gotuj przez 1 minutę. Dodajemy brandy aż odparuje, następnie dodajemy śmietanę, 3 łyżki soku i skórkę z cytryny, musztardę i sól, sos gotujemy 5 minut.

Dodaj kurczaka z powrotem i gotuj przez kolejne 5 minut.

kłamstwa

Najpierw zetrzyj cytrynę przed wyciśnięciem soku. Oszczędzając pieniądze, można go również przygotować z drobno posiekanego kurczaka zamiast piersi.

MALOWANE ZAOPATRZONE W KWIATY I GRZYBY

SKŁADNIKI

1 pomalowany

250 g grzybów

200 ml proszku

¼ litra bulionu z kurczaka

15 śliwek z nasionami

1 ząbek czosnku

1 łyżka mąki

Oliwa z oliwek

sól pieprz

PRZETWARZANIE

Doprawić solą i pieprzem i gotować kurczaki razem z żółtkami przez 40 minut w temperaturze 175°C. W połowie pieczenia obrócić. Gdy czas minie, usuń i zachowaj sok.

Smażyć na patelni 2 łyżki oleju i mąkę przez 1 minutę. Wlać wino i poczekać, aż zredukuje się o połowę. Zwilżyć sokami kuchennymi i bulionem. Gotuj przez 5 minut, nie przerywając mieszania.

Osobno podsmaż grzyby z odrobiną posiekanego czosnku, dodaj sos i zagotuj. Podawaj ptaki z sosem.

kłamstwa

Na specjalne okazje można nafaszerować kurczaka jabłkami, foie gras, mięsem mielonym i orzechami.